Meine Abenteuer als Spion

Robert Baden-Powell (1857-1941) war ein britischer General, Schriftsteller und Gründer der Pfadfinderbewegung. Er wurde in London geboren und besuchte die Militärakademie Sandhurst, bevor er zum British Army beitrat. Er diente in verschiedenen Teilen der Welt, darunter Indien, Afrika und Südafrika. Während des Zweiten Burenkriegs in Südafrika (1899-1902) führte er eine kleine Einheit von Soldaten, die als "Baden-Powells Scouts" bekannt waren und für ihre Fähigkeiten im Überleben und ihre Spionage-Arbeit bekannt waren.

Baden-Powell wurde als Spion während des Zweiten Burenkriegs eingesetzt und hatte Erfolg bei der Überwachung feindlicher Aktivitäten und der Übermittlung von Informationen. Später nutzte er seine Erfahrungen und Kenntnisse aus der Spionage, um die Pfadfinderbewegung zu gründen, die er als eine Art "Training für Überleben" für junge Männer sah. Sein Buch "Scouting for Boys" half dabei, die Bewegung weltweit zu etablieren, und er gilt bis heute als einer der bekanntesten Führer der Pfadfinderbewegung.

Über das Buch:

Entdecken Sie die aufregende Welt der Spionage durch die Augen von Robert Baden-Powell, einem britischen General, Schriftsteller und Gründer der Pfadfinderbewegung. In "Meine Abenteuer als Spion" lernen Sie den Mann kennen, der in den schwierigsten Kriegen und Konflikten eingesetzt wurde und durch seine gerissenen Methoden und sein messerscharfes Urteilsvermögen zu einem der gefürchtetsten Spione seiner Zeit wurde.

Erleben Sie hautnah, wie Baden-Powell seine Feinde überlistete und wie er seine Fähigkeiten im Überleben und in der Überwachung feindlicher Aktivitäten zu seinem Vorteil nutzte. Lassen Sie sich von Robert Baden-Powells Kühnheit und seinem Abenteuersinn begeistern und erleben Sie eine Welt voller Gefahr und Intrigen. "Meine Abenteuer als Spion" ist eine unterhaltsame und lehrreiche Lektüre für alle, die an Geschichte, Abenteuer und Spionage interessiert sind.

Meine Abenteuer als Spion

von

LIEUT.-GEN. SIR ROBERT BADEN-POWELL, K.C.B.

Illustriert mit eigenen Skizzen des Autors

Ursprünglich herausgegeben:
LONDON
C. ARTHUR PEARSON, LTD
HENRIETTA STREET, W.C.
1915

NEUÜBERSETZUNG 2023

Smaragd Edition Bd. 23

Bibliografische Information der Deutschen Nationalbibliothek:
Die Deutsche Nationalbibliothek verzeichnet diese Publikation in der
Deutschen Nationalbibliografie; detaillierte bibliografische Daten
sind im Internet über dnb.dnb.de abrufbar

Neuübersetzung 2023
Alle Rechte vorbehalten

Herstellung und Verlag: BoD – Books on Demand, Norderstedt
ISBN: 978-3-7386-3477-8

INHALT

MEINE ABENTEUER ALS SPION 7
DIE VERSCHIEDENEN GRADE VON SPIONEN............ 8
STRATEGISCHE AGENTEN. 9
TAKTISCHE MITTEL................................ 11
WOHNHEIMSPIONE................................. 13
OFFIZIERSAGENTEN. 16
KOMMERZIELLE SPIONAGE......................... 17
DEUTSCHLANDS INVASIONSPLÄNE.................. 18
FELD SPIONE. 22
EINEN SPION FANGEN. 23
INFORMATIONEN ÜBERMITTELN..................... 28
GEHEIME SIGNALE UND WARNUNGEN. 30
SPIONE IN KRIEGSZEITEN. 31
DIE COURAGE EINES SPIONS...................... 34
VERRÄTERISCHE SPIONAGE. 36
DIE DEUTSCHE SPIONAGEORGANISATION. 37
DEN WERT DER DUMMHEIT........................ 38
EIN FESTUNGSPLAN IM KOPF EINER MOTTE VERSTECKT. 47
SCHMETTERLINGSJAGD IN DALMATIEN. 48
WIE SICH SPIONE TARNEN. 51
DEN SPORT DES SPIONIERENS. 57
DEN WERT DES VERSTECKSPIELS................... 59
SPIONAGE GEGEN GEBIRGSJÄGER. 65
SICH ALS KÜNSTLER AUSGEBEN. 70
EINE DEUTSCHE WACHE TÄUSCHEN................. 74
EIN SPION IST VERDÄCHTIG...................... 78
EINEN TÜRKISCHEN WACHPOSTEN TÄUSCHEN....... 81
TEE UND EIN TRUTHAHN......................... 86
WUNDE FÜSSE................................... 89
ÖSTERREICHISCHE OFFIZIERE. 92
EINE INTERESSANTE AUFGABE. 93

BEGEGNUNG MIT DER POLIZEI. 94
ERFOLG MIT DEM BALLON. 96
WIE MAN EIN FORT BETRITT. 96
WIE WIR DIE GEHEIME BELEUCHTUNG BEKOMMEN HABEN. 98
WIE DER GROSSE FLUSS DURCHSCHWOMMEN WURDE. 99
ENDLICH GEFANGEN. 100
DIE ENTSCHEIDUNG. 103
SCHLUSSFOLGERUNG. 105

MEINE ABENTEUER ALS SPION

Es war schwierig, in Friedenszeiten über das heikle Thema Spione und Spionage zu schreiben, aber jetzt, da der Krieg im Gange ist und die Methoden dieser viel geschmähten Adligen offengelegt wurden, kann es nicht schaden, ausführlicher auf das Thema einzugehen und einige meiner eigenen persönlichen Erfahrungen zu schildern.

Spione sind wie Geister - die Menschen scheinen ein allgemeines Gefühl gehabt zu haben, dass es solche Dinge geben könnte, aber sie haben nicht gleichzeitig an sie geglaubt - weil sie sie nie gesehen haben und selten jemanden getroffen haben, der sie aus erster Hand erlebt hat. Was aber die Spione betrifft, so kann ich mit persönlichem Wissen sagen, dass es sie gibt, und zwar in sehr großer Zahl, nicht nur in England, sondern in ganz Europa.

Wie bei den Geistern wirkt jedes Phänomen, das die Menschen nicht verstehen, vom plötzlichen Aufprall an einem ruhigen Tag bis zum mitternächtlichen Knarren eines Schranks ( ), alarmierend auf nervöse Gemüter. So wird auch von einem Spion mit unangemessener Besorgnis und Abscheu gesprochen, weil er so etwas wie ein Schreckgespenst ist.

Zunächst sollte man sich von der Vorstellung verabschieden, dass jeder Spion zwangsläufig der gemeine und verachtenswerte Kerl ist, für den er im Allgemeinen gehalten wird. Er ist oft sowohl klug als auch mutig.

Der Begriff "Spion" wird ziemlich wahllos verwendet und ist im Laufe der Zeit zu einem Schimpfwort geworden. Was die falsche Anwendung des Begriffs "Spion" anbelangt, so scheint mir der Fall von Major

André immer ein ziemlich harter Fall gewesen zu sein. Er war gebürtiger Schweizer und trat während des Amerikanischen Unabhängigkeitskrieges 1780 in die britische Armee in Kanada ein, wo er schließlich A.D.C. von General Sir H. Clinton wurde.

Der amerikanische Kommandant eines Forts in der Nähe von West Point am Hudson River hatte angedeutet, dass er sich ergeben wolle, und Sir H. Clinton schickte André, um mit ihm zu verhandeln. Um durch die amerikanischen Linien zu gelangen, kleidete sich André in Zivil und nahm den Namen John Anderson an. Leider wurde er von den Amerikanern gefasst, vor ein Kriegsgericht gestellt und als Spion gehängt.

Da er nicht versucht hat, Informationen zu beschaffen, kann man ihn wohl kaum als Spion bezeichnen. Viele Menschen vertraten damals diese Ansicht, und Georg III. gewährte seiner Mutter eine Rente sowie einen Titel für seinen Bruder, und sein Leichnam wurde schließlich ausgegraben und in der Westminster Abbey beigesetzt.

DIE VERSCHIEDENEN GRADE VON SPIONEN.

Ändern wir für den Moment den Begriff "Spion" in "Ermittler" oder "militärischer Agent". Für Kriegszwecke können diese Agenten unterteilt werden in:

1. *Strategische* und diplomatische *Agenten*, die in Friedenszeiten die politischen und militärischen Verhältnisse aller anderen Länder studieren, die im Falle eines Krieges in Opposition zum eigenen Land stehen könnten. Sie schaffen auch politische Unzufriedenheit und organisieren Ausbrüche, wie z.B.

die Verbreitung von Aufruhr unter den Ägyptern oder in Indien unter den Einwohnern oder in Südafrika unter der Burenbevölkerung, um einen Ausbruch herbeizuführen, wenn möglich, um Verwirrung zu stiften und Truppen in Kriegszeiten abzuziehen.

2. *Taktische*, militärische oder maritime *Agenten*, die sich in Friedenszeiten um kleinere Details der Bewaffnung und des Geländes kümmern. Sie treffen auch taktische Vorbereitungen an Ort und Stelle, z. B. Material für zusätzliche Brücken, Geschützstellungen, Unterbrechung der Kommunikation usw.

3. *Feldspione*. Diejenigen, die als verkleidete Späher agieren, um Stellungen auszukundschaften und Bewegungen des Feindes auf dem Kriegsfeld zu melden. Dazu gehören auch Hausspione und Offiziersagenten.

All diese Aufgaben sind wiederum auf Agenten aller Besoldungsgruppen aufgeteilt, von den Botschaftern und ihren Attachés abwärts. Alle Länder entsenden Marine- und Militäroffiziere zu Sonderermittlungen, und in den entsprechenden Zentren werden bezahlte Detektive stationiert, um Informationen zu sammeln.

Es gibt auch verräterische Spione. Für diese habe ich zugegebenermaßen kein gutes Wort übrig. Es sind Männer, die die Geheimnisse ihrer Länder für Geld verkaufen. Glücklicherweise haben wir in England nicht viel mit ihnen zu tun, aber wir haben ein berüchtigtes Beispiel in Südafrika erlebt.

STRATEGISCHE AGENTEN.

Der Kriegsverrat - d.h. die politische und strategische Voruntersuchung - der Deutschen im gegenwärtigen Feldzug war nicht so erfolgreich, wie man es von einem so wunderbar organisierten Plan, wie er es war, hätte erwarten können . Mit den riesigen Summen, die dafür ausgegeben wurden, hätte der deutsche Generalstab vernünftigerweise Männer in höherer Position gewinnen können, die die politische Atmosphäre besser hätten einschätzen können, als es ihre Agenten unmittelbar vor der gegenwärtigen Krise getan haben.

Ihre Pläne, zu einem kritischen Zeitpunkt Streiks zu starten, stießen auf keinerlei Resonanz. Sie hatten große Ideen, um Streit und Unzufriedenheit unter der mohammedanischen Bevölkerung sowohl in Ägypten als auch in Indien zu schüren, aber sie kalkulierten, ohne genug über die östlichen Rassen oder ihre Gefühle gegenüber Großbritannien und Deutschland - insbesondere Deutschland - zu wissen.

Sie betrachteten die irische Frage als einen sicheren Grund für einen Bürgerkrieg in Großbritannien, der den Einsatz eines großen Teils unserer Expeditionsstreitkräfte auf unseren eigenen Inseln erforderlich machen würde.

Sie sahen nicht voraus, dass die Buren und die Briten in Südafrika freundschaftlich zusammenarbeiten würden; sie hatten angenommen, dass die Besatzungsarmee dort niemals entfernt werden könnte, und sie sahen nicht voraus, dass Südafrika ein Kontingent gegen ihre südlichen afrikanischen Kolonien schicken würde, während die regulären Soldaten kamen, um unsere Armee zu Hause zu verstärken.

Sie dachten, die Übersee-Dominions seien zu schwach an Männern, Schiffen und Ausbildung, um von Nutzen zu sein; und sie sahen nicht voraus, dass die Männer Großbritanniens in großer Zahl zu den Waffen greifen würden, für die ihr nationaler Charakter ihnen in hohem Maße die notwendigen Qualifikationen verliehen hat. All dies hätte entdeckt werden können, wenn die Deutschen Männer mit höherer Bildung und sozialer Stellung eingesetzt hätten.

TAKTISCHE MITTEL.

Diese Agenten müssen nicht nur militärische Details über ein Land in Erfahrung bringen, wie z. B. seine Bereitschaft in Bezug auf Männer, Nachschub, Effizienz usw., sondern auch die taktischen Merkmale von Hügeln und Ebenen, Straßen und Eisenbahnen, Flüssen und Wäldern und sogar die wahrscheinlichen Schlachtfelder und ihre Artilleriestellungen usw. untersuchen.

Im gegenwärtigen Krieg verwenden die Deutschen riesige Geschütze, deren Granaten wegen ihrer schwarzen, rauchigen Explosionen den Spitznamen "Schwarze Marias" oder "Jack Johnsons" erhalten haben. Diese Geschütze benötigen ein starkes Betonfundament, auf dem sie stehen können, bevor sie abgefeuert werden können . Aber die Deutschen haben dies schon lange vor dem Krieg vorausgesehen und ihre Pläne entsprechend ausgelegt.

Sie untersuchten das gesamte Land, in dem sie wahrscheinlich kämpfen würden, sowohl in Belgien als auch in Frankreich, und wo immer sie gute Positionen für Geschütze sahen, bauten sie Fundamente und Stellungen für diese. Dies geschah in Friedenszeiten und musste daher im Geheimen geschehen. Um den Verdacht zu zerstreuen, kaufte oder pachtete ein Deutscher einen Bauernhof, auf dem er eine Stellung bauen wollte. Dann legte er die Fundamente für eine neue Scheune oder ein landwirtschaftliches Gebäude oder - falls in der Nähe einer Stadt - für eine Fabrik, und wenn diese fertiggestellt waren, errichtete er ein leichtes Gebäude darauf.

Es gab nichts, was Aufmerksamkeit oder Verdacht erregt hätte, und viele dieser Stellungen sollen schon vor Kriegsbeginn gebaut worden sein. Als der Krieg ausbrach und die Truppen vor Ort eintrafen, wurden die Gebäude in aller Eile abgerissen, und die Stellungen waren für die Geschütze bereit.

Vor einigen Jahren wurde dem Kriegsministerium berichtet, dass eine ausländische Macht Geschützstellungen in einer Position errichtete, die zuvor nicht im Verdacht stand, militärisch wertvoll zu sein und die sie offensichtlich für strategische Zwecke nutzen wollte.

Ich wurde geschickt, um zu sehen, ob der Bericht wahr ist. Es ging natürlich nicht, als Offizier dorthin zu gehen - das würde Verdacht erregen, man würde nichts sehen dürfen und wahrscheinlich als Spion verhaftet werden. Ich wohnte also bei einem befreundeten Bauern in der Nähe und ging jeden Tag auf die Jagd nach Rebhühnern und Schnepfen, die es dort im Überfluss gab. Als erstes schaute ich mir das Land im Allgemeinen an und überlegte, welche Punkte sich am besten als Artilleriestellungen eignen würden.

Dann machte ich mich auf die Suche nach Rebhühnern (und anderen Dingen!) auf den Hügeln, die mir aufgefallen waren, und ich wurde sehr bald fündig.

Es waren Beamte anwesend, die Winkel und Maße aufnahmen, begleitet von Arbeitern, die Pflöcke in den Boden schlugen und Linien mit Bändern dazwischen abzeichneten.

Als ich mit meinem Gewehr in der Hand, der Tasche auf der Schulter und dem Hund bei Fuß vorbeiging, beachteten sie mich nicht, und von den benachbarten Hügeln aus konnte ich ihr Treiben beobachten. Wenn sie zu ihren Mahlzeiten gingen oder in ihre Quartiere zurückkehrten, schoss ich über auf das Gelände, das sie hinterlassen hatten, und wenn ich nicht eine große Tüte Wild erbeutete, machte ich auf jeden Fall eine gute Sammlung von Zeichnungen und Messungen der Pläne der Festungen und Stellungen, die sie in den Boden gezeichnet hatten.

Innerhalb weniger Tage, nachdem sie mit dem Bau begonnen hatten, besaßen wir die Pläne für alle Anlagen. Obwohl sie danach überall Bäume pflanzten, um die Festungen zu verbergen, und an anderen Stellen Gebäude errichteten, um sie zu verbergen, wussten wir ganz genau, wo die Stellungen lagen und welche Form und Größe sie hatten.

Das Anpflanzen von Bäumen, um solche Verteidigungsanlagen zu verbergen, hat gelegentlich auch den umgekehrten Effekt, dass man sieht, wo sie sind. Dies war insbesondere in Tsingtau der Fall, das von den japanischen und britischen Streitkräften von den Deutschen eingenommen wurde. Da es dort keine natürlichen Wälder gab, hatte ich wenig Schwierigkeiten, die Standorte der Festungen anhand der kürzlich angelegten Anpflanzungen in der Nähe des Ortes zu finden.

WOHNHEIMSPIONE.

Diese Männer lassen sich mehr oder weniger dauerhaft in dem Land nieder, in dem sie tätig sind . Einige von ihnen sind hochrangige Persönlichkeiten in der Gesellschaft oder im Handel und in der Regel *Neureiche*, die nach Auszeichnungen und Belohnungen streben. Die meisten Spione, die sich im Land aufhalten, gehören jedoch zu einer unbedeutenderen Klasse und werden für ihre Arbeit regelmäßig bezahlt.

Ihre Aufgabe ist es, als Agenten zu fungieren, um heimlich Anweisungen an andere umherziehende Spione zu empfangen und zu verteilen und deren Berichte an die Zentrale zurückzuschicken. Aus diesem Grund werden sie im deutschen Nachrichtendienst als "Briefkästen" bezeichnet. Sie nehmen auch selbst Informationen aus allen verfügbaren Quellen auf und leiten sie nach Hause weiter.

Einer von ihnen, Steinbauer, ist seit einigen Jahren einer der wichtigsten "Briefkästen" in England. Er gehörte zum Stab des Kaisers bei seinem letzten Besuch in diesem Land, als er als Gast des Königs zur Einweihung des Denkmals von Königin Victoria kam.

Ein Spionagefall, der in London verhandelt wurde, brachte seine Methoden ans Licht: Einer seiner Agenten wurde verhaftet, nachdem er drei Jahre lang beobachtet worden war.

Der Prozess gegen Karl Ernst bestätigte die Entdeckungen und deckte die Taten von Spionen wie Schroeder, Gressa, Klare und anderen Männern auf.

Auch der Fall von Dr. Karl Graves dürfte vielen noch in Erinnerung sein. Dieser Deutsche wurde in Schottland wegen Spionage verhaftet und zu einer achtzehnmonatigen Haftstrafe verurteilt, aus der er kurz darauf ohne offizielle Begründung entlassen wurde. Er hat inzwischen einen ausführlichen Bericht über seine Taten verfasst, und es ist interessant zu sehen, wie seine Korrespondenz in Umschlägen, die mit den Namen der berühmten Chemiker Burroughs und Wellcome verziert waren, zwischen den Geheimdienstzentralen in Deutschland hin und her ging. Er gab sich als Arzt aus und schickte seine Briefe über einen Gastwirt in Brüssel oder einen *Modisten* in Paris, während die Briefe an ihn über einen obskuren Tabakladen in London gingen.

Einer dieser Briefe ging schief, weil er die falschen Initialen seines Namens trug. Er wurde von der Post an Burroughs und Wellcome zurückgeschickt, die beim Öffnen des Briefes einen deutschen Brief vorfanden, der Banknoten als Gegenleistung für geleistete Dienste enthielt. Dies erregte den Verdacht gegen ihn. Er wurde beobachtet und schließlich verhaftet.

Er gibt an, dass er eines Tages das Gefühl hatte, verfolgt zu werden, als er in seiner Wohnung bemerkte, dass die Kleidung, die er auf einem Stuhl gefaltet hatte, während seiner Abwesenheit auf etwas andere Weise wieder zusammengelegt worden war. Mit einigem Misstrauen fragte er seine Vermieterin, ob jemand sein Zimmer betreten habe, und sie verneinte in offensichtlicher Verwirrung, dass ein Fremder dort gewesen sein könne. Dann schlug er vor, dass sein Schneider angerufen haben könnte, und sie stimmte zu, dass dies der Fall war. Als er jedoch ein oder zwei Stunden später seinen Schneider befragte, sagte dieser seinerseits, er sei nicht in der Nähe des Hauses gewesen. Graves folgerte daraus, dass er verfolgt wurde.

Das Wissen, dass man beobachtet wird und man nicht weiß, von wem, gibt einem ein sehr unruhiges Gefühl – vor allem, wenn man weiß, dass man schuldig ist.

Ich kann aus mehr als einer Erfahrung sprechen, da ich selbst in Friedenszeiten mit dieser Art von Aufklärungsarbeit beschäftigt war.

OFFIZIERSAGENTEN.

Es ist im Allgemeinen schwierig, gewöhnliche Spione zu finden, die auch über genügend technisches Wissen verfügen, um bei der Beschaffung von Informationen über die Marine oder das Militär von Nutzen zu sein. Daher werden häufig Offiziere von eingesetzt, um solche Informationen sowohl in Friedenszeiten als auch auf dem Kriegsschauplatz zu erhalten.

Aber bei ihnen und besonders bei den Deutschen ist es nicht leicht, Männer zu finden, die ausreichend gut schauspielern oder ihr Aussehen so gut verschleiern können, dass kein Verdacht auf sie fällt. Sehr viele von ihnen haben in den letzten Jahren unsere Küsten besucht, aber sie wurden im Allgemeinen bemerkt, beobachtet und verfolgt, und aus der von ihnen bei ihren Erkundungen eingeschlagenen Richtung war es leicht, die Art der in ihren Plänen vorgesehenen Operationen abzuleiten.

Ich erinnere mich an den Fall einer Gruppe, die mit dem Auto durch Kent fuhr, um angeblich alte römische Ruinen zu besichtigen. Als sie einen Landbesitzer nach der genauen Lage einiger dieser Ruinen fragten, bedauerte dieser, dass er keine Karte zur Hand hatte, auf der er ihre Position hätte angeben können. Einer der "Antiquare" legte sofort eine großformatige Karte vor, aber es war keine englische Karte: Sie enthielt zum Beispiel Angaben über Wassertanks, die zwar existierten, aber auf keiner unserer Messtischblätter eingezeichnet waren!

Zusätzlich zu den verschiedenen Zweigen der Spionage, die ich erwähnt habe, haben die Deutschen auch Wirtschaftsspionage mit System betrieben.

KOMMERZIELLE SPIONAGE.

Es ist bekannt, dass junge Deutsche oft ohne Gehalt in britischen Geschäftshäusern arbeiteten, um "die Sprache zu lernen"; sie achteten darauf, viel mehr als nur die Sprache zu lernen, und nahmen viele andere Dinge über Handelsmethoden und Geheimnisse auf, die in ihrem eigenen Land sofort genutzt wurden. Die Bedeutung der Wirtschaftsspionage liegt darin, dass der Handelskrieg ständig im Hintergrund der deutschen Kriegsvorbereitungen steht.

Carl Lody, ein deutscher Ex-Offizier, wurde kürzlich in London vor ein Kriegsgericht gestellt und wegen "Kriegsverrats" erschossen, d.h. weil er während der Feindseligkeiten Informationen über unsere Marine an Deutschland übermittelt hatte. ("Kriegsverrat" ist geheime Arbeit außerhalb des Kriegsgebiets. Wenn sie innerhalb des Einsatzgebietes durchgeführt wird, nennt man sie Spionage".) Carl Lodys Aktivitäten wurden von der Spionageabwehr in London beobachtet und seine Korrespondenz geöffnet, so dass alle seine Nachforschungen und Informationen dem Kriegsministerium bekannt waren, lange bevor er verhaftet wurde.

Die enormen Summen, die Deutschland in den vergangenen Jahren gezahlt hat, haben zu einer Art internationalem Spionageaustausch geführt, der im Allgemeinen aus Amerikanern und Deutschen besteht und dessen Hauptquartier in Belgien liegt, und für die von ihnen erworbenen Informationen wurden gute Preise gezahlt. Wenn man zum Beispiel die Pläne eines neuen Forts, die Abmessungen eines neuen Schiffes oder die Stärke einer neuen Kanone benötigte, brauchte man sich nur an dieses Büro zu wenden und einen Preis zu nennen, um ziemlich gute Informationen zu diesem Thema zu erhalten, bevor viel Zeit verstrichen war.

Gleichzeitig konnte man, indem man vorgab, Amerikaner zu sein, eine Menge kleiner und nützlicher Informationen erhalten, ohne einen Cent auszugeben.

DEUTSCHLANDS INVASIONSPLÄNE.

Als ich mit diesen Herren in Kontakt kam, erfuhr ich von einem der Pläne, mit denen die Deutschen in unser Land eindringen wollten, und nebenbei wirft dies ein Licht auf ihre derzeitigen Methoden, mit der Bevölkerung umzugehen, abgesehen von den tatsächlichen taktischen Bewegungen der Truppen.

Damals - vor etwa sechs Jahren - hatten die Deutschen die Vorstellung, sie könnten mit Hilfe von Minen und U-Booten jederzeit den Verkehr im britischen Kanal innerhalb weniger Stunden blockieren und so unsere Heimatflotten auf ihren Stationen in Spithead und Portland festhalten.

Da die Straße von Dover auf diese Weise blockiert war, konnten sie eine Flotte von Transporten von Deutschland aus über die Nordsee zur Ostküste Englands bringen, entweder nach East Anglia oder, wie in diesem Plan, nach Yorkshire. Sie verfügten in Deutschland über neun Einschiffungsstationen mit Anlegestellen und Plattformen, die alle fertiggestellt waren, sowie über Stahlschiffe für die Ausschiffung oder für die eigentliche Überquerung des Ozeans bei schönem Wetter.

Sie hatten den Durchschnitt des Wetters der vergangenen Jahre ermittelt und waren zu dem Schluss gekommen, dass der 13. Juli im Durchschnitt der schönste Tag des Jahres ist; ihr Versuch sollte jedoch möglichst auf einen Feiertag fallen, an dem die Kommunikation vorübergehend gestört war. Der dem 13. Juli nächstgelegene Feiertag wäre daher wahrscheinlich der Anfang August; es war ein Zufall, dass der gegenwärtige Krieg an diesem Tag ausbrach.

Die in England stationierten Spione sollten alle Telefon- und Telegrafendrähte kappen und, wo möglich, wichtige Brücken und Tunnel sprengen, um so die Kommunikation zu unterbrechen und Verwirrung zu stiften.

Ihre Idee, an der Küste von Yorkshire zu landen, basierte auf folgenden Gründen:-

Sie betrachten nicht London als die strategische Hauptstadt Englands, sondern die großen Industriezentren in den nördlichen Midlands, wo statt sechs Millionen eher vierzehn Millionen Menschen in den zahlreichen Städten und Ortschaften leben, die in diesem Teil des Landes fast aneinandergrenzen.

Ihre Theorie war, dass sie, wenn es ihnen gelänge, eine Armee von sogar 90.000 Mann in Leeds, Sheffield, Halifax, Manchester und Liverpool einzuschleusen, ohne in den ersten Stunden auf großen Widerstand zu stoßen, sich dort in einer solchen Stärke etablieren könnten, dass es einer starken Armee bedürfte, um sie wieder zu vertreiben.

Sie würden den Proviant für eine Woche mit sich führen und alle lokalen Vorräte beschlagnahmen, um sich für eine beträchtliche Zeit zu versorgen, und der erste Schritt ihrer Besetzung würde darin bestehen, jeden Einwohner - Mann, Frau und Kind - aus der Gegend zu vertreiben und die Städte zu zerstören. Auf diese Weise würden innerhalb weniger Stunden etwa vierzehn Millionen Menschen verhungern und ohne Obdach über das Land wandern - eine Katastrophe, deren Bewältigung eine große Streitmacht erfordern würde und die zu einer völligen Unterbrechung unserer Lebensmittelversorgung und der Wirtschaft im Lande führen würde.

Die Ostküste von Yorkshire zwischen dem Humber und Scarborough bietet sich für ein solches Abenteuer an, da sie einen kilometerlangen offenen Strand mit offenem Land davor bietet, der wiederum durch einen Halbkreis von Wolds geschützt ist, der von der deutschen Deckung leicht gehalten werden könnte. Die linke Seite wäre durch den Humber und die rechte durch den Tees geschützt, so dass die Landung ohne Unterbrechung durchgeführt werden könnte.

Das war ihr Plan, der auf sorgfältigen Nachforschungen einer kleinen Armee von Spionen beruhte - vor etwa fünf oder sechs Jahren, bevor unsere Marinestützpunkte im Norden errichtet wurden. Hätten sie damals den Krieg erklärt, hätten sie bei der Durchfahrt ihrer Transporte, die natürlich an dieser Flanke von ihrer gesamten Kriegsflotte geschützt würden, keine ernsthaften Störungen durch unsere Marine zu befürchten gehabt.

Auf den ersten Blick scheint dieser Plan zu phantasievoll, um glaubhaft zu sein, aber als ich ihn mit deutschen Offizieren besprach, stellte ich fest, dass sie voll und ganz an diesen praktischen Vorschlag glaubten. Sie selbst erläuterten die Idee, wie sie die Zivilbevölkerung nutzen würden, und deuteten ihre derzeitige Brutalität an, indem sie erklärten, dass der Krieg nicht mit Samthandschuhen angefasst werden würde. Die Bedeutung ihrer Befehle würden sie den Menschen vor Augen führen, indem sie, wenn nötig, Zivilisten abschießen würden, um zu beweisen, dass sie es ernst meinten, und um die Einwohner durch Terror zu zwingen, ihren Forderungen nachzukommen.

Weitere Nachforschungen zu diesem Thema ergaben, dass die Einschiffungsvorkehrungen alle geplant und vorbereitet waren. Im Rahmen des normalen Handelsverkehrs standen in den Häfen jederzeit zahlreiche große Postdampfer zur Verfügung, die sogar eine weitaus größere Anzahl von Personen transportieren konnten, als für eine solche Expedition zusammengestellt werden sollten. Truppen konnten in der Nähe der Häfen mobilisiert werden, angeblich für Manöver, ohne dass Verdacht geschöpft wurde.

In den deutschen Strategielehrbüchern ist festgelegt, dass der Zeitpunkt für einen Krieg nicht dann ist, wenn man einen politischen Grund dafür hat, sondern wenn die eigenen Truppen bereit sind und der Feind nicht bereit ist; und dass der erste Schlag die beste Art ist, den Krieg zu erklären.

Ich habe das alles damals in einem privaten Vortrag vor Offizieren, illustriert mit Diapositiven und Karten, als ein militärisches Problem dargestellt, das interessant wäre, wenn man es vor Ort ausarbeiten würde, und erst als der Bericht darüber in die Presse gelangte, wurde mir wirklich klar, wie sehr ich "den Nagel auf den Kopf getroffen" hatte. Denn abgesehen von den verschiedenen empörten Fragen, mit denen der Kriegsminister im Unterhaus meinetwegen bedrängt wurde, erhielt ich aus Deutschland Briefe mit heftigsten Beschimpfungen von verschiedenen Seiten, von oben und von unten, die mir zeigten, dass ich der Wahrheit näher gekommen war, als ich überhaupt geahnt hatte.

"Du bist nur ein General aus braunem Papier", sagte einer, "und wenn du glaubst, dass du uns durch dein dummes Gerede davon abhalten kannst zu kommen, hast du nicht recht."

FELD SPIONE.

Es ist schwer zu sagen, wo genau die Arbeit eines Spions im Krieg endet und die eines Spähers beginnt, außer dass die erste Arbeit in der Regel getarnt ausgeführt wird.

Der Späher wird als tapferer Mann angesehen, und seine Methoden zur Informationsbeschaffung werden als wunderbar clever angesehen, solange er in Uniform bleibt. Wenn er etwas weiter geht und feststellt, dass er seine Informationen besser erhält, wenn er sich verkleidet - selbst wenn er dabei ein größeres Risiko eingeht, weil er mit Sicherheit erschossen wird, wenn er entdeckt wird -, dann wird er als "verachtenswerter Spion" verachtet. Ich sehe das selbst nicht als gerecht an.

Ein guter Spion - ganz gleich, welchem Land er dient - ist *notwendigerweise* ein mutiger und wertvoller Mann.

In unserer Armee werden Feldspione im Dienst nicht sehr häufig eingesetzt, obwohl ihr teilweiser Einsatz bei Manövern gezeigt hat, was sie leisten können.

In "Aids to Scouting" habe ich festgestellt: "In der Frage der Spionage sind wir anderen Nationen unterlegen. Spionage ist in Wirklichkeit verdeckte Aufklärung. Ihre Auswirkungen sind so weitreichend, dass die meisten Nationen, um die Spione ihrer Feinde abzuschrecken, ihnen mit dem Tod drohen, wenn sie erwischt werden."

Ein wesentlicher Bestandteil der Aufklärungsarbeit ist ein Kapitel mit Hinweisen, wie man spioniert und wie man andere beim Spionieren erwischt.

EINEN SPION FANGEN.

Das Fangen von Spionen gehörte einst zu meinen Aufgaben und ist vielleicht die beste Form der Ausbildung zum erfolgreichen Spion. Ich hatte das Glück, drei zu erwischen, und wurde von einem der ranghöchsten Offiziere im Stab des Oberbefehlshabers beglückwünscht. Wir fuhren zu der Zeit, als er darüber sprach, gemeinsam von einer großen Besprechung nach Hause, und er bemerkte: "Wie gehen Sie vor, um einen Spion zu fangen?" Ich erzählte ihm von unseren Methoden und fügte hinzu, dass auch das Glück einem sehr oft zu Hilfe kam.

Direkt vor uns, in der Menge der vom Revier zurückkehrenden Fahrzeuge, stand ein offener gemieteter Victoria, in dem ein ausländisch aussehender Herr saß. Ich bemerkte, dass ich diesen Mann im Auge behalten und ihm ruhig folgen sollte, bis ich herausfand, wo er wohnte, um dann einen Detektiv zu beauftragen, seine Bewegungen zu melden.

Von unserer Position auf dem Pferderücken dicht hinter ihm konnten wir sehen, dass unser Fremder einen Reiseführer las und eine Karte der Festungsanlagen studierte, durch die wir kamen. Plötzlich forderte er den Kutscher auf, kurz anzuhalten, während er ein Streichholz für seine Zigarette anzündete. Der Fahrer hielt an, und wir auch. Der Fremde blickte auf, um sich zu vergewissern, dass der Mann sich nicht umschaute, und holte dann schnell einen Fotoapparat unter dem Teppich hervor, der vor ihm auf dem Sitz lag ( ). Er zielte auf den Eingangsschacht eines neuen Munitionslagers, das gerade für unsere Marine gebaut worden war, und schoss ein Foto.

Dann verdeckte er eilig die Kamera wieder, zündete Streichhölzer an und zündete seine Zigarette an. Dann gab er das Kommando zum Weiterfahren.

Wir folgten dicht dahinter, bis wir zu einem Polizisten kamen, der den Verkehr regelte. Ich ritt voraus und gab ihm seine Anweisungen, so dass der Wagen angehalten wurde und der Mann aufgefordert wurde, seine Genehmigung zum Fotografieren vorzulegen. Er hatte keine. Die Kamera wurde in Gewahrsam genommen und der Name und die Adresse des Besitzers "im Hinblick auf das weitere Vorgehen" notiert.

Leider waren wir damals - es ist viele Jahre her - durch unsere Gesetze bei der Verhaftung und Bestrafung von Spionen stark behindert. Die Gesetze erlaubten es uns, nicht genehmigte Kameras zu beschlagnahmen und zu zerstören, und das war alles.

Ein "weiteres Verfahren", wenn es denn möglich gewesen wäre, hätte sich in diesem Fall erübrigt, denn der verdächtige Herr setzte sich gleich mit dem nächsten Schiff auf den Kontinent ab.

Aber es bedurfte einiger Anstrengungen, um meinen Freund, der Beamter ist, davon zu überzeugen, dass die ganze Episode nicht nur zu seiner Erbauung erfunden wurde.

Es ist nur menschlich, es zu hassen, von jemandem überlistet zu werden, der schlauer ist als man selbst, und vielleicht ist das der Grund dafür, dass die Menschen Spione mit einem tödlicheren Hass betrachten als den, den sie einem Mann entgegenbringen, der aus einem Flugzeug heraus wahllos Bomben auf Frauen und Kinder abwirft oder Kathedralen mit höllischen Kriegsmaschinen bombardiert.

Niemand könnte behaupten, dass mein einheimischer Spion in Südafrika, Jan Grootboom, ein verachtenswerter oder gemeiner Mensch war. Jemand, der ihn kannte, beschrieb ihn als "weißen Mann in schwarzer Haut", und ich stimme dieser Beschreibung voll und ganz zu.

Hier ist ein Beispiel für seine Arbeit als Feldspion:-

Jan Grootboom war ein gebürtiger Zulu, aber da er als Jäger und Führer viel mit den Weißen zusammengelebt hatte, trug er gewöhnliche Kleidung und sprach perfekt Englisch: aber in ihm steckte der ganze Mut und die Gerissenheit seiner Rasse.

Um gegen die Matabele zu spähen, war es nie klug, eine große Gruppe mitzunehmen, da sie mit Sicherheit Aufmerksamkeit erregen würde, während man, wenn man allein mit einem Mann wie Grootboom unterwegs war, in ihre Linien eindringen und sich fast mitten unter ihnen verstecken konnte, um ihre Disposition zu beobachten und Informationen über ihre Anzahl, ihre Vorräte, den Verbleib ihrer Frauen und ihres Viehs usw. zu erhalten.

Man verbrachte jede Nacht mit dieser Arbeit, d.h. man nutzte die Nacht, um sich zu ihren Stellungen zu schleichen, und beobachtete sie am Tag. Aber es war unmöglich, dies zu tun, ohne Fußabdrücke und Spuren zu hinterlassen, die die scharfen Augen ihrer Späher sehr schnell entdeckten, und es dämmerte ihnen sehr bald, dass sie beobachtet wurden, und folglich waren sie ständig auf der Hut, um uns zu überlisten und gefangen zu nehmen.

Eines Nachts waren Grootboom und ich in die Nähe eines feindlichen Lagers geritten und warteten auf die Morgendämmerung, um herauszufinden, wo genau sie sich befanden.

In der Regel zündeten die Feinde in der Stunde vor Sonnenaufgang ihre Feuer an, um ihr Essen am frühen Morgen zu kochen. So konnte man ihre Position genau sehen und die eigene korrigieren, um einen Platz zu finden, an dem man sich tagsüber aufhalten und ihre Bewegungen beobachten konnte.

Bei dieser Gelegenheit wurde das erste Feuer angezündet, dann leuchtete ein weiteres auf, und noch ein weiteres, aber bevor ein halbes Dutzend angezündet war, knurrte Grootboom plötzlich unter seinem Atem: -

"Die Schweine - sie stellen uns eine Falle."

Ich verstand im ersten Moment nicht, was er meinte, aber er sagte:-

"Bleiben Sie hier ein wenig stehen, und ich werde nachsehen.

Er zog seine gesamte Kleidung aus, ließ sie auf einem Haufen liegen und stahl sich in der Dunkelheit davon, praktisch nackt. Offensichtlich wollte er sie besuchen, um zu sehen, was los war.

Das Schlimmste am Spionieren ist, dass es einen immer misstrauisch macht, selbst gegenüber den besten Freunden. Sobald Grootboom in die eine Richtung verschwunden war, schlich ich mich leise in die andere und versteckte mich zwischen einigen Felsen in einer kleinen Kopje, wo ich eine Chance haben sollte, falls er die Absicht haben sollte, mich zu verraten und mit ein paar Matabele zurückzukehren, um mich gefangen zu nehmen.

Ein oder zwei Stunden lang lag ich dort, bis ich Grootboom durch das Gras zurückkriechen sah - allein.

Ich schämte mich meines Zweifels und ging daher unter zu unserem Treffpunkt, wo ich ihn mit einem zufriedenen Grinsen antraf, während er sich wieder anzog. Er sagte, er habe, wie er erwartet hatte, einen Hinterhalt gefunden, der für uns gelegt worden war. Was ihn misstrauisch gemacht hatte, war, dass die Feuer nicht an verschiedenen Stellen des Hügels zur gleichen Zeit entzündet wurden, sondern nacheinander, offensichtlich von einem einzigen Mann, der herumging. Das kam ihm verdächtig vor, und er nahm an, dass dies geschah, um uns, falls wir irgendwo in der Nähe waren, dazu zu bringen, die Örtlichkeit genauer zu untersuchen.

Er hatte sich auf einem verschlungenen Pfad an sie herangeschlichen, von dem aus er eine ganze Gruppe von Matabele sehen konnte, die auf dem Weg, den wir wahrscheinlich benutzt hätten, im Gras lag und sich auf uns gestürzt und uns gefangen genommen hätte.

Um sich dieses Verdachts zu vergewissern, schlich er sich bis in die Nähe ihrer Festung, und von dort kommend, mischte er sich unter sie und unterhielt sich mit ihnen, um herauszufinden, was ihre Absichten in Bezug auf uns waren, und auch, was ihre Pläne für die nahe Zukunft waren. Dann verließ er sie und schritt kühn zurück zu ihrer Festung, schlich sich zwischen einige Felsen und kam zu mir zurück.

Er war ein Beispiel für die Arbeit eines Feldspions, die, auch wenn sie in gewisser Weise listig und hinterlistig ist, gleichzeitig den größten persönlichen Mut und Scharfsinn erfordert. Es handelt sich um etwas, das über die gewöhnliche Tapferkeit eines Soldaten im Einsatz hinausgeht, der unter der Führung eines Offiziers von der Begeisterung seiner Umgebung und der Konkurrenz und Bewunderung der anderen getragen wird.

Der Mut des Mannes, der allein, unbeobachtet und ohne Beifall und unter Einsatz seines Lebens loszieht, ist sicherlich ebenso groß.

Die Buren haben in Südafrika ungehindert Feldspione gegen uns eingesetzt.

Ein englischsprachiger Bure prahlte damit, dass er während des Krieges häufig Johannesburg besuchte, wobei er die Uniform eines im Kampf gefallenen britischen Majors trug. Er ritt an den Wachposten vorbei, die, anstatt auf ihn zu schießen, nur salutierten, und besuchte die Klubs und andere Aufenthaltsorte der Offiziere, um von ihnen aus erster Hand die Informationen zu erhalten, die er brauchte, bis es Abend wurde und er zu seinem Kommando zurückreiten konnte.

INFORMATIONEN ÜBERMITTELN.

Auf unserer Seite wurden verschiedene Methoden angewandt, um Informationen im Feld zu übermitteln. Meine Spione beschäftigten einheimische Läufer (vor allem die geschicktesten Viehdiebe), um ihre Nachrichten zu mir zu bringen.

EINE GEHEIME NACHRICHT.

Diese Hieroglyphen enthalten eine geheime Botschaft, die von denjenigen, die den Semaphor-Signalisierungscode kennen, leicht gelesen werden kann. Dieses Signal besteht darin, zwei Arme in verschiedenen Positionen zu schwingen, entweder einzeln oder gemeinsam. Die Punkte zeigen an, wo sich die Buchstaben treffen. Ein Beispiel: Das Semaphorzeichen für N besteht aus beiden Armen, die in einem Winkel von 90 Grad nach unten zeigen ^. Der Buchstabe I wird durch beide Arme dargestellt, die im gleichen Winkel nach links zeigen >. Das nächste N wird wieder angezeigt, und der Buchstabe E besteht aus einem einzelnen Arm, der in einem Winkel von 45 Grad nach rechts oben zeigt /.

Bei jedem Wort beginnt man oben auf den Zeichen und liest von oben nach unten.

Diese Form der geheimen Botschaft wurde im Südafrikanischen Krieg häufig verwendet.

Diese waren in jedem Fall natürlich in Chiffre oder Geheimcode geschrieben, in Hindustani mit englischen Schriftzeichen und so weiter. Sie wurden zu Kügelchen gerollt und in ein kleines, in einen Spazierstock gebohrtes Loch gedrückt, das dann mit Ton oder Seife gestopft wurde. Oder sie wurden in den Pfeifenkopf unter den Tabak gesteckt und konnten so bei Bedarf unverdächtig verbrannt werden, oder sie

29

wurden zwischen die Stiefelsohlen geschoben oder in das Futter der Kleidung des Trägers eingenäht. Diese Eingeborenen verstanden auch die Sprache der Rauchfeuer - sie signalisierten mit kleinen oder großen Rauchschwaden, wo sich der Feind befand und wie stark er war.

GEHEIME SIGNALE UND WARNUNGEN.

Die einheimischen Boten, die wir ausschickten, um sich einen Weg durch die feindlichen Linien zu bahnen, trugen die Briefe fest zusammengerollt in kleinen Kugeln, die mit Bleiblech ummantelt waren, so wie man Tee verpackt.

Diese kleinen Kugeln trugen sie an einer Schnur um den Hals geschlungen. Sobald sie einen Feind herankommen sahen, ließen sie die Kugeln, die dann wie viele Steine aussahen, auf den Boden fallen und peilten die Stelle an, damit sie sie wiederfinden konnten, wenn die Luft rein war.

Dann gab es feste Punkte, an denen Briefe versteckt wurden, die andere Spione finden sollten. Hier sind einige der am häufigsten verwendeten:

Dieses kleine Zeichen, das in den Boden, einen Baumstamm oder einen Torpfosten geritzt wurde, diente einem Späher zur Information eines anderen. Es bedeutet: "Ein Brief ist vier Schritte in diese Richtung versteckt."

Ein Zeichen, das verwendet wird, um einen anderen Pfadfinder zu warnen, dass er eine falsche Richtung einschlägt. Es bedeutet: "Nicht in diese Richtung."

Dies ist ein weiteres Zeichen von einem Späher zum anderen und bedeutet: "Ich bin nach Hause zurückgekehrt."

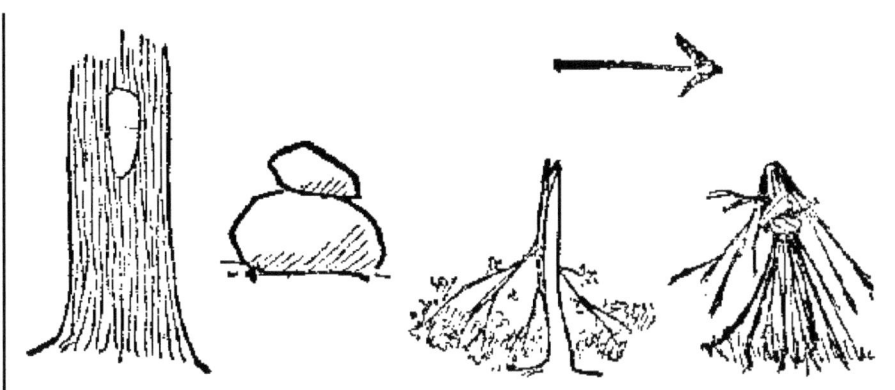

Die "Blesse" auf dem Baumstamm und die beiden Steine, einer auf dem anderen, sollen lediglich zeigen, dass der Pfadfinder auf dem richtigen Weg ist.

Die anderen drei Skizzen zeigen die Richtung, in die der Späher gehen soll. Der Pfeil ist auf dem Boden eingezeichnet. Der obere Teil des Bäumchens oder des Strauches ist in die Richtung gebogen, in die der Kundschafter gehen soll, und dasselbe gilt für den Grasbüschel, der zuerst geknotet und dann gebogen wird.

SPIONE IN KRIEGSZEITEN.

Die Japaner haben in ihrem Krieg mit Russland in der Mandschurei natürlich ausgiebig von Spionen Gebrauch gemacht, und Port Arthur mit all seinen Mängeln an Befestigungen und Ausrüstung war dem japanischen Generalstab in- und auswendig bekannt, bevor sie überhaupt einen Schuss darauf abfeuerten.

In der Felddienstvorschrift des deutschen Heeres gab es einen Paragraphen, der besagte, dass der Schutzdienst im Feld - also Vorposten, vorgeschobene Wachen und Aufklärungen - stets durch ein System der Spionage unterstützt werden sollte, und obwohl dieser Paragraph nicht mehr im Buch steht, wird sein Geist dennoch umgesetzt.

Die Feldspione sind eine anerkannte und effiziente Waffe.

Von Friedrich dem Großen wird berichtet, dass er gesagt hat: "Wenn Marschall Subise in den Krieg zieht, folgen ihm hundert Köche, aber wenn ich ins Feld ziehe, gehen mir hundert Spione voraus."

Der gegenwärtige Führer der deutschen Armee könnte das Gleiche sagen, obwohl seine "Hundert" wahrscheinlich Tausende wären.

Man hört von ihnen, dass sie wie Bauern gekleidet sind und mit bunten Lichtern, Rauchschwaden aus den Schornsteinen und mit den Zeigern der Kirchenuhren als Signalgeber arbeiten.

Sehr häufig wurde ein Priester verhaftet, der als Spion verkleidet war, und als solcher erschossen. Auch ein deutscher Chauffeur in französischer Uniform, der seit einiger Zeit französische Stabsoffiziere chauffierte, wurde als Spion entlarvt und fand den Tod.

Zu Beginn dieses Krieges hatten die deutschen Feldspione ihren geheimen Zeichenkodex, so dass sie sich gegenseitig Informationen über die Stärke und die Richtung der verschiedenen feindlichen Truppen in der Nähe übermittelten, indem sie Skizzen von Rindern verschiedener Farben und Größen auf Tore usw. zeichneten.

In der Regel handelt es sich um Wohnspione, die seit Monaten oder Jahren als kleine Handwerker usw. in den Städten und Dörfern leben, die jetzt zum Kriegsgebiet gehören. Bei der Ankunft der deutschen Invasoren haben sie mit Kreide an ihre Türen geschrieben: "Nicht zu zerstören. Gute Leute hier", und haben dies auch bei einigen ihrer Nachbarn getan, um den Verdacht abzulenken. Als eingebürgerte Einwohner sind sie natürlich in der Lage, wertvolle taktische Informationen für die Befehlshaber der Truppen zu sammeln. Und die Art und Weise, wie sie diese übermitteln, ist mehr als raffiniert.

In einigen Fällen haben sowohl die Spione als auch die Befehlshaber die Karten in kleinen Quadraten abgegrenzt. Der aufmerksame Spion meldet seinem Befehlshaber: "Die feindliche Kavallerie hat hinter dem Wald im Quadrat E15 angehalten", und schon bald wird diese Stelle mit einer Granatsalve beschossen. Eine Spionin wurde dabei erwischt, wie sie mit einer elektrischen Blitzlampe Signale gab. Zwei verschiedene Männer (einer von ihnen ein alter einbeiniger Steinbrecher am Straßenrand) wurden mit versteckten Feldtelefonen erwischt, die mit Draht um ihren Körper gewickelt waren. Hirten mit Laternen zogen nachts auf den Hügeln umher und wichen den Laternen auf verschiedene Weise aus, was für das Auffinden von Schafen nicht unbedingt notwendig schien. Drahtlose Telegrafen wurden so aufgestellt, dass sie wie Halterungen für eiserne Schornsteine aussahen.

Im südafrikanischen Feldzug fungierte ein niederländischer Bahnhofsvorsteher für kurze Zeit als Feldspion für die Buren. Es war nur eine sehr kurze Zeit. Seine Stadt und sein Bahnhof wurden von meiner Truppe eingenommen, und um den Verdacht von sich abzulenken, schnitt er die Telegrafendrähte durch und riss sie ab, alle bis auf einen, der noch funktionstüchtig war. Über diesen Draht übermittelte er dem Hauptquartier der Buren alle Informationen, die er über unsere Truppen und Pläne bekommen konnte. Unglücklicherweise hatten wir eine Gruppe von Männern, die den Draht abhörte, und konnten alle seine Nachrichten lesen und ihn kurz darauf damit konfrontieren.

Ein anderer Bahnhofsvorsteher in unserem eigenen Gebiet fungierte vor Kriegsbeginn als Spion für den Feind, indem er Feinde als Ganger und Plattenleger entlang der Strecke anstellte, um Brücken und Durchlässe zu zerstören, sobald der Krieg erklärt wurde. In seinem Büro wurde auch ein Code gefunden, mit dem die verschiedenen Waffen des Dienstes in Form von Holz für die heimliche Übermittlung von Informationen bezeichnet wurden. So:

Balken	bedeutete	Brigaden
Baumstämme	"	Batterien
Protokolle	"	Waffen
Kanthölzer	"	Bataillone
Balken	"	Staffeln
Dielen	"	Unternehmen

DIE COURAGE EINES SPIONS.

Außer im Falle des verräterischen Spions versteht man nicht ganz, warum ein Spion notwendigerweise schlechter behandelt werden sollte als jeder andere Kombattant, noch warum sein Beruf als verachtenswert angesehen werden sollte, denn, ob im Frieden oder im Krieg, seine Arbeit ist von sehr anspruchsvoller und gefährlicher Art. Sie ist äußerst aufregend, und obwohl sie in einigen Fällen eine große Belohnung einbringt, sind die besten Spione unbezahlte Männer, die sie aus Liebe zur Sache und als einen wirklich effektiven Schritt zur Erlangung von etwas Wertvollem für ihr Land und ihre Seite tun.

Das Plädoyer des deutschen Spions, Leutnant Carl Lody, vor dem Kriegsgericht in London lautete, dass er "nicht um Gnade winseln würde. Er schämte sich nicht für das, was er getan hatte ( ); er war ehrenhaft verpflichtet, die Namen derer, die ihn mit dieser Mission beauftragt hatten, nicht zu verraten; er wurde nicht dafür bezahlt, er tat es für das Wohl seines Landes, und er wusste, dass er dabei sein Leben in den Händen hielt. Viele Briten taten wahrscheinlich dasselbe für Großbritannien."

In unserem Unterhaus wurde er sogar als "Patriot, der für sein Land genauso gestorben ist wie jeder Soldat, der im Feld gefallen ist" bezeichnet.

Um ein wirklich effektiver Spion zu sein, muss ein Mann mit einem starken Geist der Selbstaufopferung, Mut und Selbstbeherrschung ausgestattet sein, mit der Fähigkeit, eine Rolle zu spielen, schnell in der Beobachtung und Schlussfolgerung, und gesegnet mit guter Gesundheit und Nerven von außergewöhnlicher Qualität. Ein gewisses Maß an wissenschaftlicher Ausbildung ist von Wert, wenn ein Mann in der Lage sein muss, die Winkel eines Forts zu bestimmen oder die geologische Formation z. B. der mittleren Insel unter der Forth-Brücke zu ermitteln, die sich nach Graves' Ansicht leicht für Sprengungen eignet.

Für jeden, der des Lebens überdrüssig ist, dürfte das aufregende Leben eines Spions der allerbeste Erholungsfaktor sein!

VERRÄTERISCHE SPIONAGE.

Eine ganz andere Klasse von Spionen ist der Verräter, der die Geheimnisse seines eigenen Landes verrät. Für ihn gibt es natürlich keine Entschuldigung. Glücklicherweise ist der Brite in der Regel nicht bestechlich, und viele ausländische Spione in England wurden durch ihre Versuche, Offiziere oder Männer zu bestechen, damit sie Geheimnisse verraten, entdeckt.

Andererseits hören wir immer wieder von ausländischen Soldaten, die solchen Versuchungen zum Opfer fallen und schließlich entdeckt werden. Erst kürzlich wurden in Österreich Fälle bekannt, in denen Offiziere bereit waren, Informationen über eine Reihe von geheimen Blockhäusern zu verkaufen, die im vergangenen Jahr an der Grenze zur Bukowina gebaut worden waren. Diese Informationen gelangten innerhalb weniger Tage nach der Erstellung der Pläne in die Hände einer anderen Macht.

Wenn ein Offizier in Österreich in Verdacht gerät, wird der Fall offenbar nicht öffentlich verhandelt, sondern privat, manchmal vom Kaiser selbst. Wenn der Mann für schuldig befunden wird, ist das Verfahren so, dass vier Freunde des Angeklagten ihn besuchen und ihm mitteilen, was gegen ihn entdeckt wurde, und ihm einen geladenen Revolver überreichen und ihn verlassen. Sie bewachen dann das Haus ( ), damit er nicht entkommt, und zwar so lange, bis er sich selbst erschießt; tut er das nicht innerhalb einer angemessenen Frist, gehen sie hinein und erledigen ihn gemeinsam.

DIE DEUTSCHE SPIONAGEORGANISATION.

Das Spionagesystem der Deutschen übertrifft in seinem Umfang, seinen Kosten und seiner Organisation das jedes anderen Landes bei weitem. Es wurde nach dem Krieg mit Frankreich im Jahre 1870 gründlich aufgedeckt, als definitiv nachgewiesen wurde, dass die deutsche Regierung über eine Organisation von mehr als 20.000 bezahlten Spitzeln verfügte, die in Frankreich stationiert waren und von einem Mann, Stieber, sowohl für politische als auch für militärische Zwecke kontrolliert wurden.

Ihre Machenschaften gingen so weit, dass Jules Favre, als er nach Versailles kam, um mit dem Hauptquartier der deutschen Armee über die Kapitulation von Paris zu verhandeln, am Bahnhof von einer Kutsche abgeholt wurde, deren Kutscher ein deutscher Spion war, und in dem Haus untergebracht wurde, das das eigentliche Hauptquartier der Spionageabteilung war. Stieber selbst war der Diener, der ihm als "ein durch und durch vertrauenswürdiger Diener" empfohlen wurde. Stieber nutzte seine Stellung, um täglich die Taschen seines Herrn und die Versandtaschen zu durchforsten und dabei höchst wertvolle Daten und Informationen für Bismarck zu sammeln.

Oberflächlich betrachtet, schien der Verdacht gegen die deutschen Spionagemethoden seit diesem Zeitpunkt etwas nachgelassen zu haben, obwohl sie zu diesem Zeitpunkt in ganz Europa bekannt waren. Aber ihre Methoden wurden seither ständig weiterentwickelt und in die Praxis umgesetzt, nicht nur in Frankreich, sondern in allen Ländern des Kontinents und auch in Großbritannien.

DEN WERT DER DUMMHEIT.

Zu unserem Glück werden wir als Volk von den anderen für ungewöhnlich dumm gehalten und können daher leicht ausspioniert werden. Aber es ist nicht immer sicher, nur nach dem äußeren Anschein zu urteilen.

Unser Botschafter in Konstantinopel hatte vor einigen Jahren das Aussehen eines fröhlichen, ungehobelten britischen Landwirts, der unter der Oberfläche nichts zu verbergen hatte, und wurde daher von all seinen intriganten Rivalen in der Ostpolitik als Freiwild betrachtet. Erst nach wiederholten Misserfolgen ihrer verschiedenen Missionen stellten sie fest, dass sie in jedem Fall von diesem unschuldig aussehenden Gentleman überlistet wurden, der unter der Oberfläche so schlau wie ein Fuchs und ein so geschickter Diplomat war, wie man ihn im ganzen Dienst finden konnte.

Und so war es auch bei uns Briten. Ausländische Spione, die in unserem Land stationiert waren, sahen keine Schwierigkeit darin, ein so dummes Volk völlig hinters Licht zu führen; sie hätten nie vermutet, dass die meisten von ihnen alle unserem Geheimdienst bekannt waren und sorgfältig beobachtet wurden, ohne dass sie es selbst wussten.

Nur wenige von ihnen landeten in diesem Land, ohne sich der Kontrolle eines unauffälligen kleinen alten Herrn mit großem Hut und Schirm zu unterziehen, dessen Fingerzeig jedoch einen Detektiv auf die Fersen des Besuchers schickte, bis sein tatsächliches Geschäft und sein Aufenthaltsort sichergestellt und für zufriedenstellend befunden wurden.

Jahrelang wurde die Korrespondenz dieser Adligen regelmäßig geöffnet, notiert und weitergeleitet. Sie waren es in der Regel nicht wert, verhaftet zu werden, die übermittelten Informationen waren nicht von dringender Bedeutung, und solange sie sich unbemerkt wähnten, machten ihre Vorgesetzten im eigenen Land keine Anstalten, an ihrer Stelle klügere Männer zu schicken. Wir wussten also, wonach der Feind suchte, und wir wussten, welche Informationen er erhalten hatte, und das war in der Regel nicht von großer Bedeutung.

Am 4. August, dem Tag vor der Kriegserklärung , wurden die zwanzig führenden Spione formell verhaftet und über 200 ihrer untergeordneten Agenten ebenfalls festgenommen, so dass ihre Organisation in dem Moment versagte, als sie am meisten gebraucht wurde. Es wurden auch Maßnahmen ergriffen, um zu verhindern, dass sie durch andere Personen ersetzt wurden. Private Funkstationen wurden demontiert, und mit Hilfe von Fallen wurden diejenigen entdeckt, die nicht freiwillig gemeldet und registriert worden waren.

Einige von uns fanden es amüsant, die ausländischen Spione bei ihrer Arbeit in unserem Land zu beobachten. Einer interessierte mich besonders, der sich angeblich als Kohlenhändler ausgab, aber nie mit einer einzigen Unze Kohle handelte. Seine täglichen Erkundungen des Landes, seine Notizen über die Straßen und seine anderen Bewegungen, die er zur Erstellung seiner Berichte machte, wurden beobachtet und aufgezeichnet. Seine Briefe wurden auf der Post geöffnet, versiegelt und weitergeschickt. Seine Freunde wurden beobachtet und beschattet, wenn sie in Hull statt in London ankamen. Und die ganze Zeit über schuftete er vor sich hin und verschwendete seine Zeit, ohne zu ahnen, dass er beobachtet wurde und uns ganz nebenbei eine Menge Informationen lieferte.

Ein anderer kam nur für ein paar Stunden und war wieder weg, bevor wir ihn festnehmen konnten; aber da ich seine Schritte kannte und wusste, welche Fotos er gemacht hatte, konnte ich ihm schreiben und ihm sagen, dass, wenn ich vorher gewusst hätte, dass er diese Orte fotografieren wollte, ich ihm ein paar fertige Fotos hätte liefern können, da die Festungen, die sie aufgenommen hatten, jetzt veraltet waren.

Andererseits wurden die überaus dummen Engländer, die in fremden Ländern umherzogen, um Kathedralen zu skizzieren, Schmetterlinge zu fangen oder Forellen zu angeln, nur als harmlose Verrückte belächelt. Sie luden sogar Beamte ein, einen Blick in ihre Skizzenbücher zu werfen, die, wenn sie auch nur den geringsten Verdacht oder Augen im Kopf gehabt hätten, Pläne und Rüstungen ihrer eigenen Festungen enthüllt hätten, die zwischen den Adern der Blattzeichnungen des Botanikers oder auf den Schmetterlingsflügeln des Entomologen eingefügt waren. Auf den folgenden Seiten sind einige Beispiele für geheime Skizzen von Festungen aufgeführt, die mit Erfolg verwendet wurden.

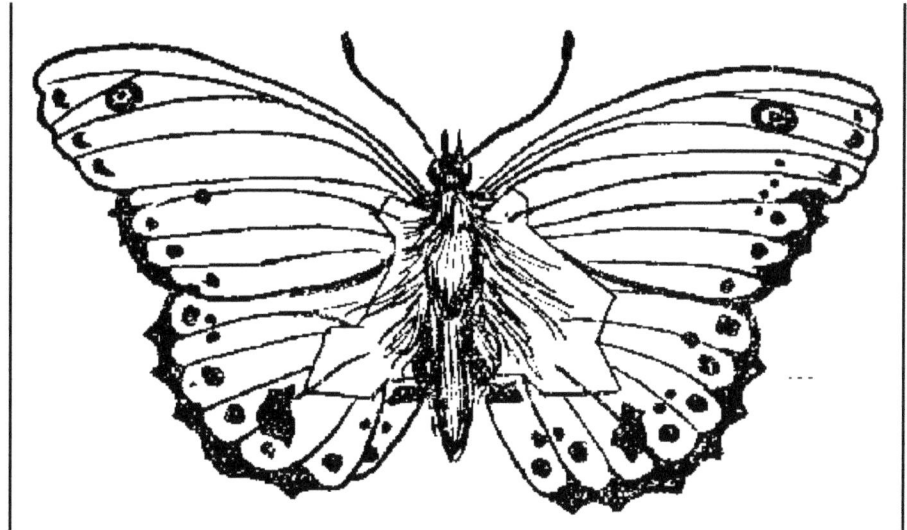

Diese Skizze eines Schmetterlings enthält die Umrisse einer Festung und zeigt sowohl die Position als auch die Stärke der Geschütze. Die Markierungen auf den Flügeln zwischen den Linien sind bedeutungslos, aber die auf den Linien zeigen die Art und Größe der Geschütze gemäß den unten stehenden Schlüsseln.

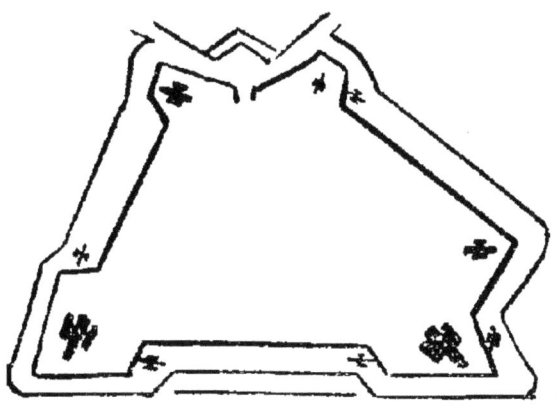

Die Markierungen an den Flügeln verraten die Form der hier gezeigten Festung und die Größe der Geschütze.

FESTUNGSKANONEN.

FELDWAFFEN.

MASCHINENWAFFEN. • • ⊬

Die Position jedes Geschützes befindet sich an der Stelle innerhalb des Umrisses des Forts auf dem Schmetterling, wo die mit dem Punkt markierte Linie endet. Der Kopf des Schmetterlings zeigt nach Norden.

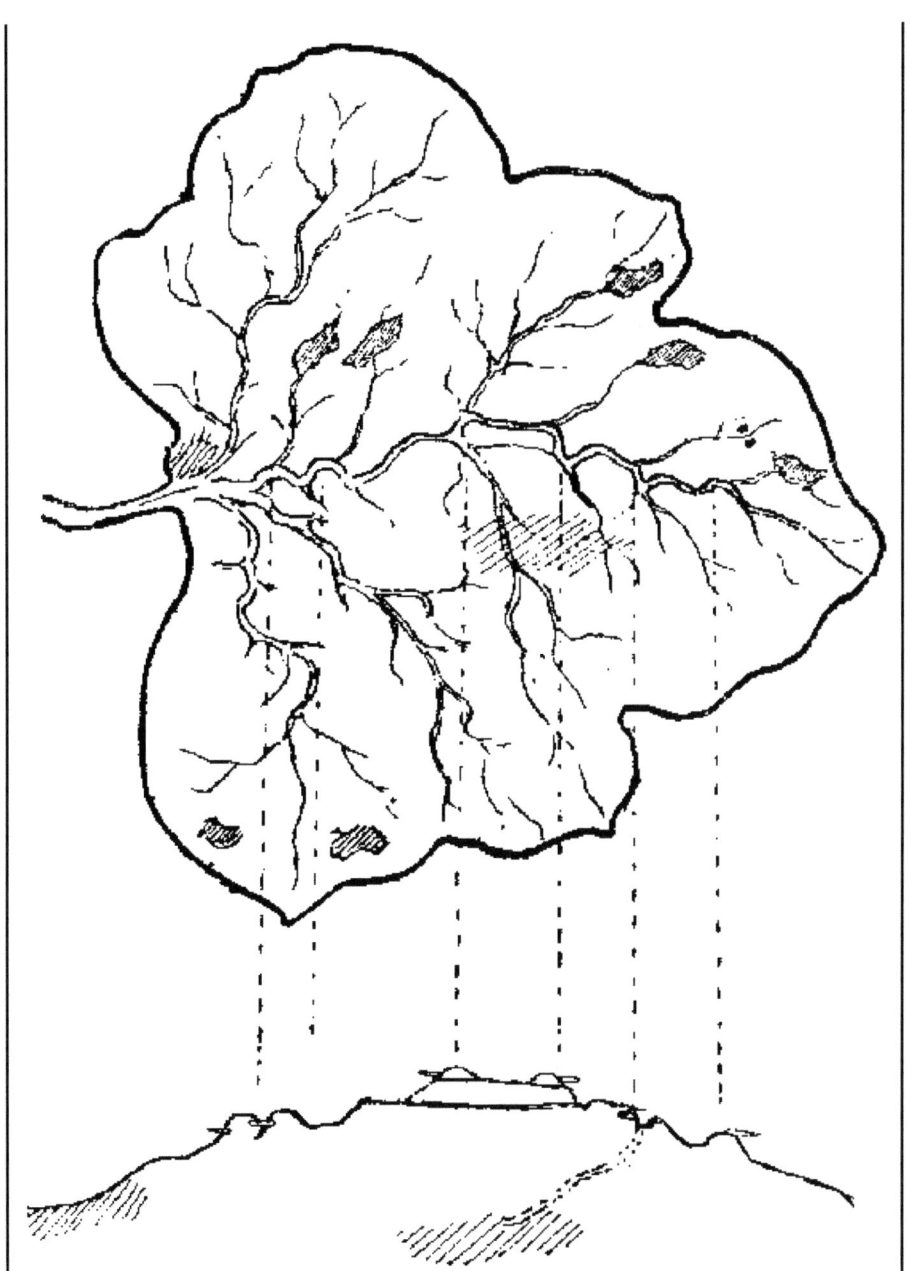

Ein cleveres Stück Spionagearbeit. Die Adern auf einem Efeublatt zeigen die Umrisse des Forts von Westen aus gesehen (die Spitze des Blattes zeigt nach Norden).

 Zeigt an, wo große Kanonen montiert sind, wenn eine Ader auf sie zeigt.

 Zeigt "toten Boden", wo es Schutz vor Feuer gibt.

 Zeigt Maschinengewehre.

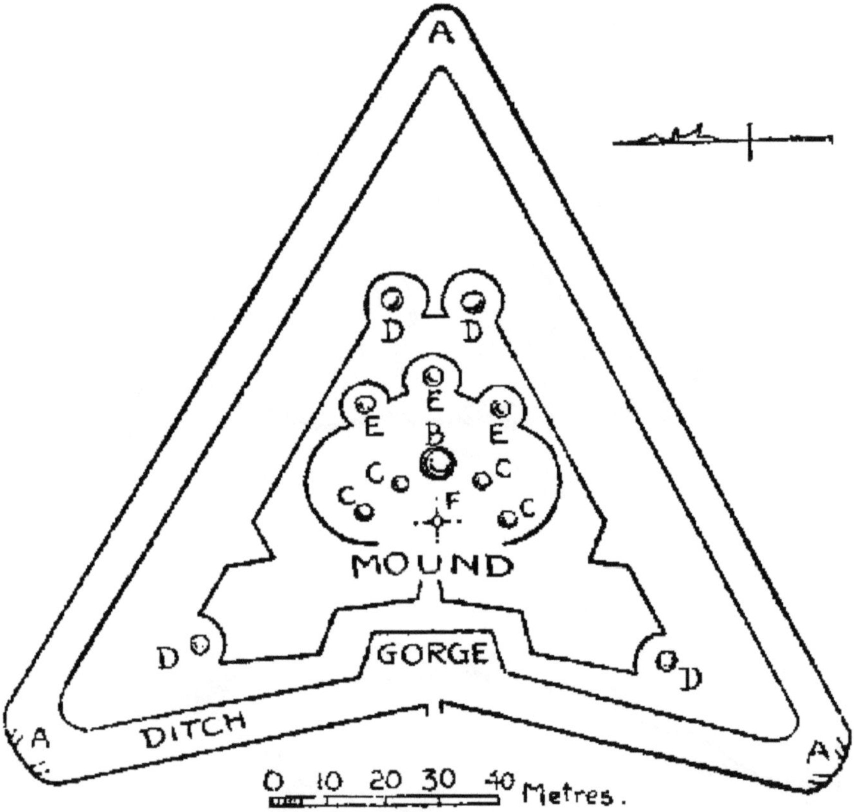

Hier ist eine weitere Methode, mit der ich die Pläne der von mir gebauten Festungen versteckt habe.

Zunächst würde ich den Plan skizzieren, wie er in der Abbildung oben dargestellt ist, und die Stärke und Positionen der verschiedenen Geschütze wie unten gezeigt angeben:

A. *Kaponiere mit Maschinengewehren.*
B. *15 cm. Geschützkuppel.*
C. *12 cm. Kanonen Kuppeln.*
D. *Q.-F. verschwindende Kanonen.*
E. *Haubitzen-Kuppeln.*
F. *Suchscheinwerfer.*

Danach würde ich mir überlegen, wie ich meine Pläne am besten verbergen kann. In diesem Fall beschloss ich, die Skizze in ein Buntglasfenster zu verwandeln, und wenn Sie das obige Bild genau betrachten, werden Sie sehen, wie gut dies gelungen ist. Einige der

Verzierungen bezeichnen die Größe und Position der Geschütze. Diese Zeichen werden im Folgenden zusammen mit ihrer Bedeutung aufgeführt.

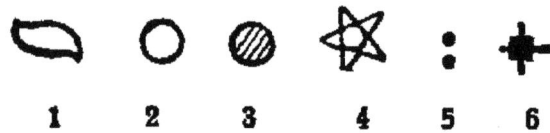

1. 15 cm. Kanone.
2. Haubitzen.
3. Q.-F. verschwindende Kanonen.
4. 12 cm. Kanonen.
5. Maschinengewehre.
6. Suchscheinwerfer.

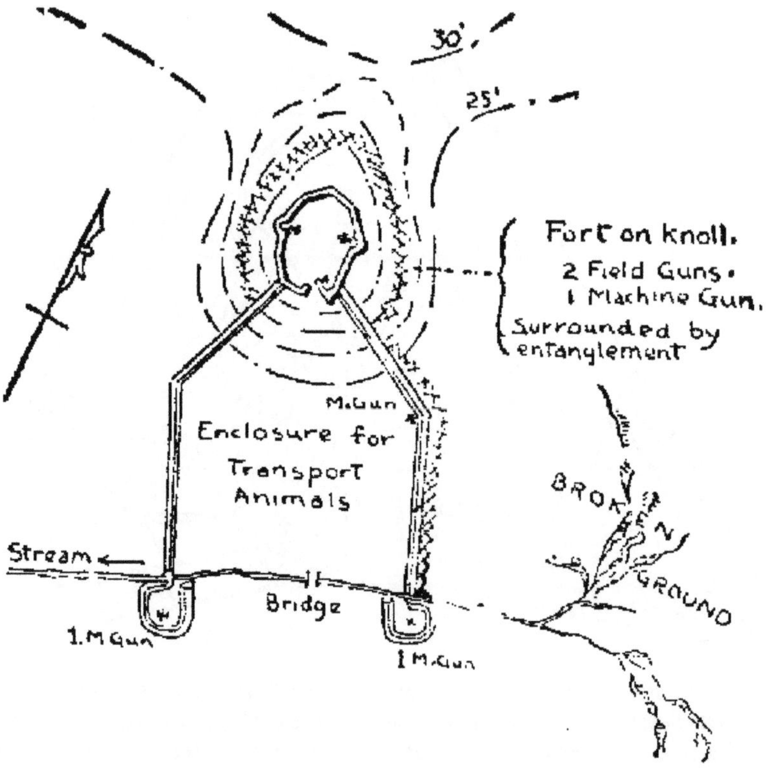

EIN FESTUNGSPLAN IM KOPF EINER MOTTE VERSTECKT.

Ein weiteres Beispiel für diese Methode, geheime Pläne zu erstellen, finden Sie hier.
Diese Skizze wurde angefertigt und enthielt alle Angaben, die ich haben wollte. Dann beschloss ich, sie so zu vergraben, dass sie nicht als Festungsplan erkannt werden könnte, wenn ich von den Militärbehörden erwischt würde. Eine Idee, die mir in den Sinn kam, war, das Portal einer Kathedrale oder Kirche zu gestalten, aber schließlich entschied ich mich für die Skizze des Mottenkopfes. Darunter schrieb ich in mein Notizbuch die folgenden Worte:-
"Kopf eines Dula-Falters, gesehen durch ein Vergrößerungsglas. Gefangen am 19.5.12. Vergrößert auf die sechsfache Größe des Lebens." (Das bedeutet einen Maßstab von 6 Zoll auf die Meile.)

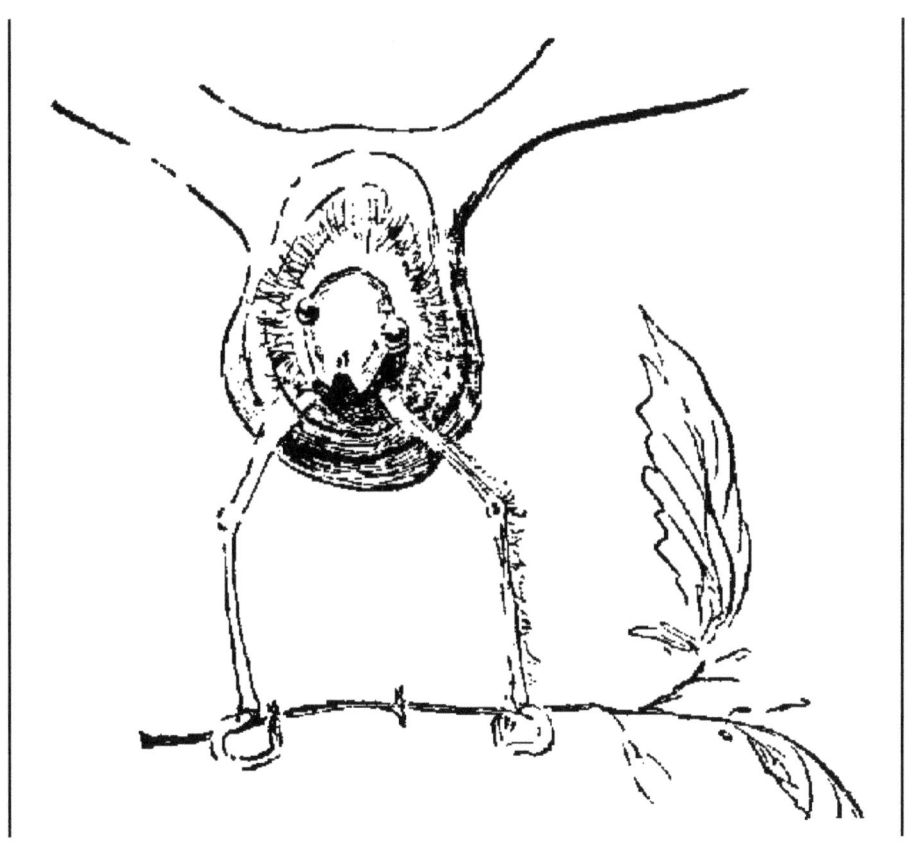

SCHMETTERLINGSJAGD IN DALMATIEN.

Einmal ging ich in Dalmatien auf "Schmetterlingsjagd". Cattaro, die Hauptstadt, war während des Krieges Schauplatz zahlreicher Bombardierungen.

Vor mehr als hundert Jahren wurde sie von der britischen Flotte bombardiert und eingenommen. Sie galt damals als uneinnehmbar. Sie liegt an der Spitze eines Sees, der etwa fünfzehn Meilen lang und an manchen Stellen nur wenige hundert Meter breit ist, in einer Senke zwischen Bergen. Von Cattaro, am Ende des Sees, führt eine Zickzackstraße den Berghang hinauf über die Grenze nach Montenegro.

Als die britischen Schiffe versuchten, von der Seeseite her anzugreifen, wurde der Kanal durch Ketten und Absperrungen verschlossen. Aber die Verteidiger hatten nicht mit dem Einfallsreichtum der britischen "Bastler" gerechnet, und einige Tage später wurden sie zum großen Erstaunen der Besatzung von der Spitze eines benachbarten Berges aus beschossen!

Der britische Kapitän hatte seine Geschütze an der Adriaküste gelandet und mit Hilfe von Holzschlitten, die er an der Bergseite angebracht hatte, die felsigen Steilhänge bis zum Gipfel des Berges hochgezogen.

Er brachte seine Batterien in Stellung und konnte die Stadt schließlich so effektiv beschießen, dass sie sich ergeben musste.

Es war vielleicht bezeichnend für uns, dass wir die Stadt nur einnahmen, weil sie von unseren Feinden gehalten wurde. Wir wollten sie nicht, und als wir sie hatten, wussten wir nicht, was wir mit ihr anfangen sollten. So übergaben wir sie den Montenegrinern und gaben ihnen damit einen eigenen Seehafen. Für diese

Leistung haben die Montenegriner den Briten immer Bewunderung und Dankbarkeit entgegengebracht, und obwohl die Insel durch spätere Verträge schließlich an Dalmatien übergeben wurde, haben die Montenegriner unser Wohlwollen ihnen gegenüber bei dieser Gelegenheit nie vergessen.

Seitdem wurden jedoch weitere Batterien auf diesen Berggipfeln errichtet, und es war meine Aufgabe, ihre Positionen, Stärke und Bewaffnung zu untersuchen.

Ich ging mit den wirksamsten Waffen für diesen Zweck bewaffnet, die mir in vielen ähnlichen Kampagnen gute Dienste geleistet haben. Ich nahm ein Skizzenbuch mit, in dem sich zahlreiche Bilder - einige fertig, andere nur teilweise - von Schmetterlingen jeden Grades und Ranges befanden, vom "Roten Admiral" bis zur "Painted Lady".

Mit diesem Buch, einem Farbkasten und einem Schmetterlingsnetz in der Hand war ich für jeden, der mir auf den einsamen Berghängen und sogar in der Nähe der Festungen begegnete, über jeden Verdacht erhaben.

Ich war auf der Jagd nach Schmetterlingen, und es war immer ein guter Einstieg, um zu jedem zu gehen, der mich misstrauisch beobachtete. Ganz offen, mit meinem Skizzenbuch in der Hand, fragte ich ganz unschuldig, ob er diesen oder jenen Schmetterling in der Nähe gesehen habe, da ich unbedingt einen fangen wollte. Neunundneunzig von hundert konnten einen Schmetterling nicht von einem anderen unterscheiden - genauso wenig wie ich -, so dass man sich auf ziemlich sicherem Terrain befand, und sie sympathisierten durchaus mit dem verrückten Engländer, der diese Insekten jagte.

Sie schauten sich die Schmetterlingsskizzen nicht genau genug an, um zu bemerken, dass die fein gezeichneten Adern der Flügel im Grundriss genau ihre eigene Festung darstellten und dass die Punkte auf den Flügeln die Anzahl und Position der Geschütze und ihre verschiedenen Kaliber bezeichneten.

Bei einer anderen Gelegenheit fand ich es eine einfache Verkleidung, um als Fischer in das Land zu gehen, das ich untersuchen wollte.

Meine Aufgabe war es, einige Pässe in den Bergen zu finden und zu berichten, ob sie für den Durchzug von Truppen geeignet waren. Ich wanderte also die verschiedenen Bäche hinauf, die über die Hügel führten, und konnte durch stilles Herumfischen die ganze Umgebung erkunden.

Einmal aber machte sich ein Landmann zu meinem Führer und bestand darauf, den ganzen Vormittag bei mir zu bleiben und mir Stellen zu zeigen, an denen man Fische fangen konnte. Ich war zu dieser Zeit weder ein großer Fischer noch hatte ich den Wunsch, Fische zu fangen, und meine Ausrüstung war für diesen Zweck sehr klapprig.

Ich peitschte das Wasser eifrig mit einer unmöglichen Fliege, nur um die Aufmerksamkeit des Mannes von meiner eigentlichen Arbeit abzulenken, in der Hoffnung, dass er irgendwann die Nase voll haben und weggehen würde. Aber nicht er! Er beobachtete mich lange Zeit mit großem Interesse und erklärte mir schließlich, dass er keine Ahnung vom Fliegenfischen habe, aber ein viel besseres System, um die Fische zusammenzubringen, bevor er einen Wurm oder eine Schnecke zwischen sie wirft.

Dann führte er sein System vor, das darin bestand, ins Wasser zu spucken. Das lockte natürlich eine Reihe von Fischen an, und dann sagte er, wenn er nur einen Wurm hätte, könnte er jede Menge fangen.

Ich wurde ihn schließlich los, indem ich ihn schickte, solche zu besorgen, und während er weg war, machte ich mich rar und kletterte über den Kamm in ein anderes Tal.

WIE SICH SPIONE TARNEN.

Spionage ist eine ständige Belastung für Nerven und Geist, da sie im Krieg den sicheren Tod für einen Fehltritt oder im Frieden die Gefangenschaft bedeutet. Die Regierung verspricht ihrem Diener keinerlei Hilfe, wenn er erwischt wird. Er wird gewarnt, keine Aufzeichnungen zu führen, sich niemandem anzuvertrauen, sich notfalls zu tarnen und ganz auf sich selbst gestellt zu sein.

Bei der Verkleidung geht es nicht so sehr um theatralische Schminke, sondern vielmehr darum, einen völlig anderen Charakter in Stimme und Manierismen und vor allem in Gang und Aussehen von hinten zu erreichen. Ein Mann kann vorne eine wunderbare Verkleidung an den Tag legen, wird aber von einem scharfen Auge von hinten sofort erkannt. Dies ist

ein Punkt, der von Anfängern häufig vergessen wird, der aber einer der wichtigsten ist. Die erste und dritte Abbildung zeigen eine wirkungsvolle Verkleidung von vorne, aber die zweite Abbildung, eine Rückenansicht, zeigt, wie leicht der Mann von einer Person hinter ihm erkannt werden kann. Die vierte und fünfte Skizze zeigen mit Hilfe von gestrichelten Linien, wie die "Rückenansicht" durch Veränderung der Kleidung und des Ganges verändert werden kann.

Bei der Verkleidung geht es nicht so sehr um ein theatralisches Make-up - auch wenn dies zweifellos eine nützliche Kunst ist -, sondern um die Fähigkeit, einen völlig anderen Charakter anzunehmen, die Stimme und die Manierismen zu verändern, insbesondere den Gang beim Gehen und das Aussehen von hinten.

Dieser Punkt wird von Anfängern so oft vergessen, dabei ist er einer der wichtigsten.

Einmal wurde ich von einem Detektiv beobachtet, der an einem Tag wie ein Soldat aussah und am nächsten wie ein Invalide mit einer Augenklappe. Ich konnte nicht glauben, dass es sich um ein und denselben Mann handelte, bis ich ihn von hinten beobachtete und sah, wie er ging, und da war seine Individualität sofort offensichtlich.

Was die Manierismen betrifft, so muss ein Spion durch Übung in der Lage sein, an einem Tag einen Sprachfehler zu zeigen, während ihn am nächsten Tag ein Wackeln eines Augenlids oder ein Schnüffeln an der Nase ein völlig anderes Wesen erscheinen lässt.

Für einen schnellen Wechsel ist es wunderbar, welchen Unterschied ein bloßer Wechsel von Hut und Krawatte macht. Es ist üblich, dass eine Person, die sich an einen anderen wendet, auf dessen Krawatte und wahrscheinlich auch auf dessen Hut achtet, wenn auch auf nichts anderes, und daher ist es oft nützlich, eine Krawatte und eine Mütze in einem völlig anderen Farbton als dem, den man gerade trägt, bei sich zu tragen, die man sofort wechseln kann, um ein paar Minuten später nicht erkannt zu werden.

Diese Illustration zeigt, wie der Autor sich in kürzester Zeit verkleiden konnte, als er bemerkte, dass er auf einem Bahnhof erkannt wurde. Die erste Skizze zeigt ihn beim Betreten eines Warteraums, kurz nachdem sein Verdacht geweckt wurde. Die zweite zeigt ihn beim Verlassen des Raumes einige Minuten später. Die Verkleidung, so einfach sie auch erscheinen mag, war durchaus erfolgreich.

Das erfuhr ich zufällig, als ich vor einigen Jahren auf einem Bahnhof interviewt wurde. Wenige Minuten nach der Tortur ( ) fand ich mich in unmittelbarer Nähe meines Interviewers wieder, als er den Vorfall einem Journalistenkollegen erzählte, der mich auch unbedingt finden wollte. "Er ist dort unten, in einem der letzten Waggons des Zuges. Sie werden ihn sofort erkennen; er trägt einen grünen Homburg-Hut, eine rote Krawatte und einen schwarzen Mantel."

Zum Glück hatte ich einen grauen Mantel am Arm, in dem sich eine Reisemütze und eine Bettdecke befanden. Ich stürzte in den Wartesaal, zog mich schnell um, stopfte meinen Hut in die Tasche und wankte mit einem ungelenken Schlurfen zurück zu meinem Wagen. Ich stieg vor den Augen des wartenden Reporters wieder ein, ohne dass dieser Verdacht schöpfte, und hatte bald darauf das Vergnügen, unversehrt vor ihm weggefahren zu werden.

Kürzlich wurde meines Wissens ein Mann in eine Seitenstraße gejagt, die eine *Sackgasse* war und aus der es keinen Ausgang gab. Er bog in die Tür eines Lagerhauses ein und stieg einige Treppen hinauf, in der Hoffnung, einen Unterschlupf zu finden. Da er jedoch keinen fand, kehrte er um, stieg wieder hinunter und stellte sich der Menschenmenge, die draußen wartete, ohne zu wissen, welches Haus er betreten hatte.

Indem er ein Bein extrem lahmte, eine Schulter hochzog und seinen Hut über das verzerrte Gesicht zog, konnte er sich mutig unter sie mischen, ohne dass einer von ihnen seine Individualität vermutete.

Was die Verkleidung betrifft, so wird in der Regel auf Gesichtsbehaarung wie Schnurrbart oder Vollbart zurückgegriffen, um das Aussehen eines Mannes zu verändern, doch sind diese in den Augen eines geschulten Detektivs völlig nutzlos, wenn nicht auch die Augenbrauen in irgendeiner Weise verändert werden.

Ein weiteres Beispiel dafür, wie eine effektive Verkleidung spontan angenommen werden kann. Diese Verkleidung war in zwei Minuten erledigt.

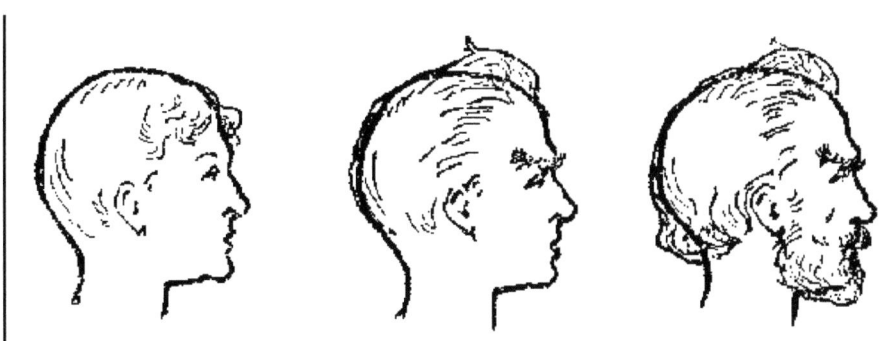

Die Verwendung von Haaren zur Verkleidung des Gesichts ist völlig nutzlos, es sei denn, die Augenbrauen werden erheblich verändert. Auch die Augenbrauen und der Hinterkopf sind äußerst wichtige Faktoren in der Kunst der Verkleidung.

Das zweite Bild zeigt den Effekt der "Verbesserung" der Augenbrauen des Gesichts auf der linken Seite, und auch der Erhöhung der Haare auf der Stirn, während die dritte Skizze zeigt, was für einen Unterschied das Hinzufügen eines Bartes und zusätzliche Haare auf dem Hinterkopf, machen kann.

Ich erinnere mich an eine Begegnung mit einem Mann in der südafrikanischen Steppe, braungebrannt und bärtig, der zu mir kam und sagte, er sei mit einem meiner Namen in der Schule gewesen. Als er seinen Hut zurückschob, erkannte ich sofort die Stirn, die ich zuletzt vor fünfundzwanzig Jahren in Charterhouse gesehen hatte, und der Name und der Spitzname kamen mir sofort auf die Lippen. "Sie sind doch Liar Jones", rief ich aus. Er sagte: "Ich heiße Jones, aber das 'Liar' war mir nicht bekannt."

"Wenn Sie Ihr Gesicht verändern, müssen Sie daran denken, dass 'verbesserte' Augenbrauen den Gesichtsausdruck mehr verändern als jeder Bart, jede Rasur usw. Man kann sich Tätowierungen auf die Hände oder Arme malen, die man abwäscht, wenn man seine Verkleidung ändert.... Verkleidungen von Anfängern werden fast immer vorne übertrieben und hinten nicht ausreichend.... Bevor du versuchst, ein Spion zu sein, setze dich zuerst daran, einen Spion zu fangen, und lerne so, welche Fehler zu vermeiden sind, die dich verraten könnten." (*Aids to Scouting*, S. 136).

Ich hatte das Glück, als Klempner im Südosten Londons zu leben, und ließ mir einen kleinen "Ziegenbart" wachsen, der damals bei Männern dieser Klasse in Mode war.

Als ich eines Tages in meiner Arbeiterkleidung am Marine- und Militärclub in Piccadilly vorbeiging, traf ich einen alten Freund, einen Major der Horse Artillery, und sprach ihn fast unbewusst mit seinem Regimentsnamen an. Er starrte mich an, wunderte sich und nahm an, ich sei ein Mann aus seiner Batterie gewesen, und traute seinen Augen nicht, als ich ihm meine Identität offenbarte.

Diejenigen, mit denen ich verkehrte und mit denen ich vertraut wurde, hatten nie einen Verdacht gegen mich. Bei einem Unfall auf hatte ich mir den Arm verletzt und trug ihn in einer Schlinge, so dass ich nicht arbeiten oder - was auch ein Segen war - an Kämpfen teilnehmen konnte, in die meine Freunde von Zeit zu Zeit verwickelt wurden. Mein besonderer Begleiter war ein gewisser Jim Bates, ein Tischler. Ich verlor ihn für einige Jahre aus den Augen, und als ich ihn das nächste Mal traf, war er einer der Teilnehmer an einer Feier in Aldershot, wo ich als Husarenoffizier in voller Montur war. Es war schwierig, ihn davon zu überzeugen, dass ich sein früherer Freund, der Klempner, war.

Später, als ich auf einer Aufklärungsmission in Südafrika eingesetzt war, hatte ich mir einen so roten Bart wachsen lassen, dass ich mich vor meiner eigenen Mutter hätte verbergen können. Als ich aus dem Postamt einer kleinen Stadt auf dem Lande herauskam, traf ich zu meiner Überraschung auf den Oberst meines Regiments, der sich dort auf einem Ausflug befand. Ich begrüßte ihn sofort - und vergaß dabei meine Verkleidung - mit einem fröhlichen "Hallo, Herr Oberst, ich wusste nicht, dass Sie hier sind", woraufhin er sich zu mir umdrehte, mich ein oder zwei Minuten lang anstarrte und dann verärgert antwortete, er wisse nicht, wer ich sei. Da er das nicht zu wollen schien, ging ich meiner Wege und erinnerte ihn erst Monate später an unsere kurze Begegnung!

DEN SPORT DES SPIONIERENS.

Zweifellos wäre Spionage ein höchst interessanter Sport, auch wenn man damit keine großen Ergebnisse erzielen könnte. Es gibt eine Faszination, die jeden ergreift, der diese Kunst ausprobiert hat. Jeder Tag bringt neue Situationen und Bedingungen mit sich, die ein schnelles Handeln und Originalität erfordern, um ihnen zu begegnen.

Hier sind ein paar Beispiele aus der Praxis. Keines davon ist etwas Außergewöhnliches, sondern lediglich das alltägliche Tun des durchschnittlichen Agenten, aber sie erklären vielleicht am besten den sportlichen Wert der Arbeit.

Einer der reizvollen Aspekte im Leben eines Spions ist, dass er gelegentlich ein echter Sherlock Holmes sein muss. Er muss die kleinsten Details bemerken, Punkte, die dem ungeübten Auge wahrscheinlich entgehen würden, und dann muss er dies und jenes zusammenfügen und daraus einen Sinn ableiten.

Ich erinnere mich, dass ich einmal bei einer geheimen Erkundung in Südafrika auf ein Farmhaus stieß, dessen Besitzer zum Zeitpunkt meiner Ankunft nicht anwesend war. Ich war weit gekommen und hätte noch weiter gehen müssen, bevor ich auf eine Behausung gestoßen wäre, und ich war auf der Suche nach einer Unterkunft für die Nacht.

Nachdem ich mein Pferd abgesattelt und in die Knie gezwungen hatte, schaute ich in die verschiedenen Zimmer, um zu sehen, was für ein Mann der Bewohner war. Ein Blick in sein Schlafzimmer in dieser baufälligen Hütte genügte, um zu sehen, dass er von der richtigen Sorte war, denn dort standen in einem Glas auf dem Fensterbrett zwei Zahnbürsten.

Ich argumentierte, dass er ein Engländer sei und saubere Gewohnheiten habe und mir als Gastgeber genügen würde - und ich lag mit dem Ergebnis nicht falsch!

DEN WERT DES VERSTECKSPIELS.

Das Versteckspiel ist wirklich eines der besten Spiele für einen Jungen und kann bis zur Erkundung im Gelände ausgebaut werden. Dabei lernt man eine Menge.

Als Kind war ich diesem Spiel sehr zugetan, und das in diesem unschuldigen Sport erlernte Handwerk hat mir seither in manch kritischer Zeit gute Dienste geleistet. In einer Furche zwischen den Johannisbeersträuchern zu liegen, wenn ich keine Zeit hatte, die benachbarten Buchsbäume zu erreichen, bevor der Verfolger in Sicht kam, lehrte mich den Wert, nicht die offensichtlichste Deckung zu benutzen, da sie sofort durchsucht werden würde. Die Jäger begaben sich sofort zu den Buchsbaumsträuchern als dem wahrscheinlichen Ort, während ich ihr Treiben von den Stängeln der Johannisbeersträucher aus beobachten konnte.

Oft habe ich feindliche Späher gesehen, die die offensichtlichen Stellen der Deckung durchsuchten, aber sie fanden *mich* dort nicht; und wie der Elefantenjäger zwischen den Farnbäumen oder ein Wildschwein in der Baumwollpflanze, so ist ein Junge in den Johannisbeersträuchern für den Feind unsichtbar, während er jede Bewegung der Beine des Feindes beobachten kann.

Dies erwies sich als nützlich, als ich von berittenen Militärpolizisten verfolgt wurde, die mich verdächtigten, ein Spion bei einem Auslandsmanöver zu sein. Nach einer seltenen Verfolgungsjagd kletterte ich über eine Mauer und fiel in einen Obstgarten mit niedrigen Obstbäumen. Hier hockte ich in einem Graben und beobachtete die Beine der Pferde der Gendarmen, während sie die Plantage kasernierten, und als sie sich von mir entfernten, kroch ich an das Ufer eines tiefen Wasserkanals, der eine der Grenzen des Geländes bildete. Hier fand ich eine kleine Bohlenbrücke, die ich überqueren konnte, aber bevor ich das tat, löste ich das nahe Ende und ging hinüber, wobei ich die Bohle hinter mir herschleppte.

Auf der anderen Seite war das Land offen, und noch bevor ich weit gekommen war, entdeckten mich die Gendarmen, , und nach einer eiligen Beratung preschten sie im Galopp zur nächsten Brücke, die eine halbe Meile entfernt war. Ich kehrte sofort um, ersetzte meine Brücke und überquerte den Bach erneut, wobei ich die Planke in den Fluss warf, und machte mich auf den Weg durch das Dorf zur nächsten Station der Strecke, während die Reiter immer noch am falschen Ort nach mir suchten.

Ein anderes Geheimnis, das man beim Versteckspiel aufgeschnappt hat, war, sich möglichst über die Augenhöhe des Jägers zu begeben und "einzufrieren", d. h. ohne sich zu bewegen still zu sitzen, und obwohl man sich nicht wirklich versteckt, kann man auf diese Weise sehr leicht unbemerkt bleiben. Ich habe das vor langer Zeit herausgefunden, indem ich mich flach an die Spitze einer mit Efeu bewachsenen Mauer legte, als meine Verfolger bis auf wenige Meter an mich herankamen, ohne zu mir aufzusehen. Später bewies ich es, indem ich mich auf eine Bank neben der Straße setzte, gerade so hoch wie ein Mann, aber so nah, dass ich einen Passanten mit einer Angelrute hätte berühren können; und dort saß ich, ohne mich zu verbergen, und zählte vierundfünfzig Wanderer, von denen mich nicht mehr als elf bemerkten.

Das Wissen um diese Tatsache kam mir bei einer meiner Erkundungstouren zugute. Innerhalb einer hohen Mauer befand sich eine Werft, in der, wie es hieß

( ), ein neues Kraftwerk errichtet wurde und möglicherweise ein Trockendock in Vorbereitung war.

Es war noch früh am Morgen, die Tore waren gerade geöffnet, die Bauarbeiter kamen gerade an, und mehrere Materialwagen warteten auf ihre Ankunft. Ich nutzte die Gelegenheit der offenen Tore und warf einen eiligen Blick hinein, wie es jeder normale Passant tun würde. Prompt wurde ich von dem Polizisten, der in der Loge Dienst hatte, hinausgeworfen.

Ich bin nicht weit gegangen. Meine Absicht war es, irgendwie hineinzukommen und zu sehen, was ich tun konnte. Ich beobachtete, wie der erste Wagen einfuhr, und bemerkte, dass der Polizist eifrig damit beschäftigt war, mit dem führenden Fuhrmann zu sprechen, während der zweite Wagen begann, das Tor zu passieren. In einem Augenblick sprang ich auf der dem Hausmeister gegenüberliegenden Seite daneben, fuhr hinein und ging mit dem Wagen weiter, als er nach rechts abbog und sich um das im Bau befindliche neue Gebäude schlängelte.

Dann bemerkte ich einen weiteren Polizisten vor mir, und so blieb ich bei dem Wagen und passte die Abdeckung an, um ihm auszuweichen. Als ich um die Ecke bog, wurde ich leider von dem ersten Polizisten entdeckt, und er begann sofort mich anzuschreien (*siehe Karte*). Ich war taub für seine Bemerkungen und ging so unbekümmert weiter, wie es einem Schuldigen möglich war, bis ich die Ecke des neuen Gebäudes zwischen ihn und mich brachte. Dann schlug ich einen ziemlichen Haken an der Rückseite des Gebäudes und umrundete die hintere Ecke des Gebäudes. Dabei sah ich aus dem Augenwinkel, dass er mit voller Geschwindigkeit hinter mir herfuhr und den Polizisten Nr. 2 zu Hilfe rief. Ich flitzte wie ein Rotschenkel um die nächste Ecke, außer Sichtweite der beiden Polizisten, und suchte nach einer Möglichkeit zu entkommen.

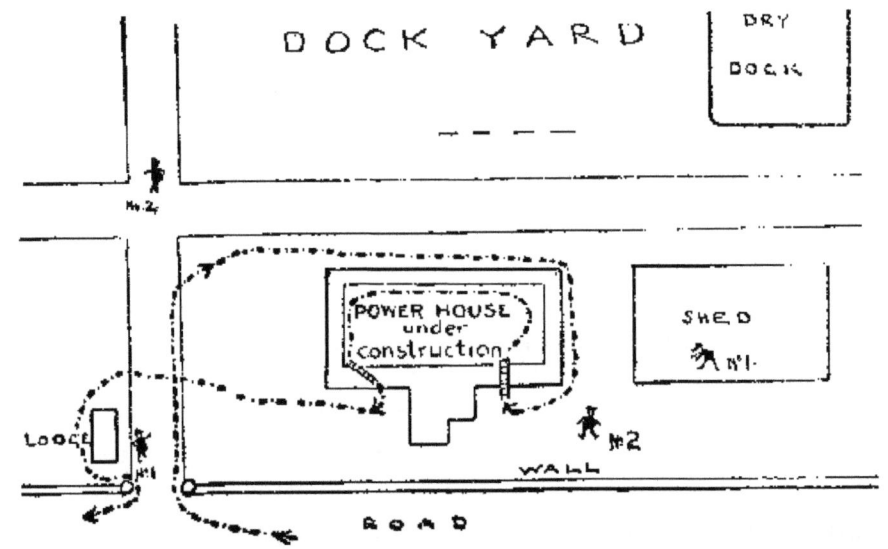

Die gestrichelte Linie in diesem Plan zeigt meine Route, die kleinen Figuren sind Polizisten, die nach mir suchen.

Das Gerüst des neuen Hauses ragte über mir auf, und eine Leiter führte hinauf zu ihm. Auf dieser kletterte ich wie ein Laternenanzünder hinauf, wobei ich die Ecke des Gebäudes im Auge behielt, um nicht verfolgt zu werden.

Ich war schon halb oben, als einer der Polizisten um die Ecke kam. Ich bin sofort "erstarrt". Ich war etwa fünfzehn Meter über dem Meeresspiegel und keine zwanzig Meter von ihm entfernt. Er stand unschlüssig mit weit gespreizten Beinen da und schaute in alle Richtungen, um zu sehen, wohin ich gegangen war, sehr ängstlich und unschlüssig. Ich war ebenso unruhig, aber unbeweglich.

Er kam näher an die Leiter heran, und seltsamerweise fühlte ich mich sicherer, als er unter mich kam, und er ging fast unter mir hindurch und schaute in die Türöffnungen des unfertigen Gebäudes. Dann drehte er sich zweifelnd um und schaute zu einem Schuppen hinter ihm, weil er dachte, ich könnte dort hineingegangen sein, und schließlich machte er sich auf den Weg und rannte um die nächste Ecke des Gebäudes weiter. In dem Moment, in dem er verschwand, beendete ich den Rest meines Laufs auf der Leiter und erreichte sicher die Plattform des Gerüsts.

Die Arbeiter waren noch nicht auf dem Gebäude, also hatte ich den ganzen Ort für mich allein. Als Erstes suchte ich nach einer anderen Leiter als Fluchtweg, falls ich verfolgt würde. Es ist immer gut, eine Hintertür zu seinem Versteck zu haben; das ist eines der wichtigsten Dinge beim Spähen.

Bald entdeckte ich eine kurze Leiter, die von meinem Podest auf die darunter liegende Bühne führte, aber sie ging nicht bis zum Boden. Als ich leise über das Gerüst spähte, sah ich unten meinen Freund, den Polizisten, der immer noch im Unrecht war. Ich segnete meine Sterne, dass er kein Spurenleser war und daher meine Fußspuren, die zum Fuß der Leiter führten, nicht gesehen hatte.

Dann machte ich mich daran, meine Umgebung zu erkunden und Informationen zu sammeln. Der Bauweise des Gebäudes, seinen großen Schornsteinen usw. nach zu urteilen, befand ich mich tatsächlich auf dem neuen Kraftwerk. Von meinem Posten aus hatte ich einen ausgezeichneten Blick auf die Werft, und im Umkreis von 100 Fuß befanden sich die Aushubarbeiten des neuen Docks, dessen Ausmaße ich leicht abschätzen konnte.

Ich holte meinen Prismenkompass hervor und peilte schnell zwei auffällige Punkte auf den benachbarten Hügeln an, um die Position zu bestimmen, die auf einer großformatigen Karte eingezeichnet werden konnte, um den Ort auf Wunsch zu beschießen.

In der Zwischenzeit hatte mein Verfolger den anderen Polizisten zu sich gerufen, und sie befanden sich in enger Absprache direkt unter mir, wo ich sie durch einen Spalt zwischen zwei der Trittbretter beobachten konnte. Offensichtlich waren sie zu dem Schluss gekommen, dass ich mich nicht im Maschinenhaus befand, denn das Innere war völlig offen, und sie hatten einen guten Blick hineingeworfen. Als Nächstes untersuchten sie den nahe gelegenen Güterschuppen, der offensichtlich mit Bauholz usw. gefüllt war.

Ein Mann ging hinein, während der andere draußen auf der Linie blieb, die ich wahrscheinlich zur Flucht nehmen sollte, d.h. zwischen ihr und der Begrenzungsmauer, die zur Pforte führte. Eher zufällig als absichtlich stellte er sich dicht an den Fuß meiner Leiter und schnitt mir so den Rückzug in diese Richtung ab. Während sie so beschäftigt waren, ließen sie das Tor unbewacht, und ich hielt die Gelegenheit für zu günstig, um sie mir entgehen zu lassen. Ich kehrte also am Gerüst entlang zurück, bis ich die kleine Leiter erreichte, kletterte diese hinunter in das untere Stockwerk, und da ich niemanden sah, kletterte ich schnell an einer der Gerüststangen hinunter und landete sicher auf dem Boden dicht hinter dem großen Schornstein des Gebäudes.

Hier war ich außer Sichtweite, wenn auch nicht weit entfernt von dem Polizisten, der die Leiter bewachte. Ich achtete darauf, die Ecke des Gebäudes zwischen uns zu halten, ging zur Rückseite der Hütte und schlüpfte dann ungesehen durch das Tor.

SPIONAGE GEGEN GEBIRGSJÄGER.

Ich war einmal in einem Land, in dem die Gebirgstruppen an der Grenze als besonders tüchtig galten, aber niemand wusste viel über ihre Organisation, ihre Ausrüstung oder ihre Arbeitsmethoden. Ich wurde also losgeschickt, um zu sehen, ob ich etwas über sie herausfinden könnte, ich kam in die Berge, als ihre jährlichen Manöver stattfanden, und ich fand zahlreiche Truppen, die in den Tälern einquartiert und in allen Dörfern untergebracht waren. Dabei handelte es sich jedoch um ganz gewöhnliche Truppen: Infanterie, Linienartillerie usw. Die Artillerie war mit Schlitten ausgestattet, mit denen die Männer die Geschütze an Seilen die Berghänge hinaufziehen konnten, und die Infanterie war mit Alpenstöcken ausgestattet, die ihnen das Überwinden des schlechten Bodens erleichtern sollten. Ich habe die Manöver einige Tage lang beobachtet, aber nichts Auffälliges gesehen.

Als ich eines Abends durch ein Dorf kam, in dem sie einquartiert waren, sah ich eine neue Art von Soldat mit drei Packeseln kommen. Er gehörte offensichtlich zu den Gebirgsjägern, von denen ich bis dahin nichts gesehen hatte. Ich kam mit ihm ins Gespräch und erfuhr, dass er von den höheren Gebirgszügen heruntergekommen war, um Nachschub für seine Kompanie zu holen, die sich hoch oben zwischen den Schneegipfeln befand und für die Truppen, die an den unteren Hängen manövrierten, völlig unerreichbar war.

Er erzählte mir nebenbei, dass die Truppe, zu der er gehörte, sehr groß war und aus Artillerie und Infanterie bestand, und dass sie zwischen den Gletschern und dem Schnee nach einer anderen Truppe suchten, die ihnen als Feind entgegenkam, und dass sie hofften, wahrscheinlich schon am nächsten Tag mit ihr in Kontakt zu kommen. Dann deutete er mir grob die Position an, in der seine eigenen Truppen in dieser Nacht biwakierten, an der Seite eines hohen Gipfels, der "Wolfszahn" genannt wurde.

Indem er mir sein Beileid für die schwierige Aufgabe aussprach, die er zu bewältigen hatte, und mir unmögliche Wege vorschlug, auf denen er aufsteigen konnte, verriet er mir schließlich genau die Linie, die der Pfad nahm, und ich erkannte, dass es möglich sein würde, in der Nacht dorthin zu gelangen, ohne gesehen zu werden.

Nach Einbruch der Dunkelheit, als der Wirt dachte, ich sei sicher im Bett, machte ich mich leise auf den Weg den Berghang hinauf, wo sich der "Wolfszahn" als prächtiges Wahrzeichen gegen den Sternenhimmel abhob und mir den Weg wies. Es war nicht schwer, durch das Dorf mit seinen Gruppen von Soldaten, die außerhalb des Dienstes herumspazierten, zu gehen, aber auf den Straßen, die aus dem Dorf hinausführten, waren viele Wachen postiert, und ich fürchtete, dass sie mich kaum passieren lassen würden, ohne sich zu erkundigen, wer ich war und wohin ich ging.

Ich verbrachte also eine ganze Weile damit, diese zu umgehen, und hatte schließlich das Glück, einen Abfluss zu entdecken, der zwischen hohen Mauern eine steile Böschung hinauf in einen Obstgarten führte, durch den ich mich ungesehen von den Wachen, die die Vorderseite des Dorfes bewachten, davonschleichen konnte. Ich kletterte auf den Wegen und Ziegenpfaden hinauf, die ich in der gewünschten Richtung finden konnte. Es gelang mir nicht, den von meinem Freund, dem Treiber, angegebenen Maultierpfad zu finden, aber mit dem Gipfel des Wolfszahns, der sich über mir gegen die Sterne abzeichnete, hatte ich das Gefühl, dass ich nicht viel falsch machen konnte - und so war es dann auch.

Es war ein langer und beschwerlicher Aufstieg, aber gerade als die Morgendämmerung den östlichen Himmel zu erhellen begann, befand ich mich sicher auf dem Kamm, und das Flackern der zahlreichen Lagerfeuer zeigte mir, wo die Truppe biwakierte, die ich sehen wollte.

Als es hell wurde, setzten sich die Truppen in Bewegung und begannen nach dem Frühkaffee, sich am Berghang zu verteilen, um Angriffs- oder Verteidigungsstellungen einzunehmen, und als es heller wurde, beeilte ich mich, für mich eine bequeme kleine Anhöhe zu finden, von der aus ich hoffte, alles sehen zu können, ohne selbst gesehen zu werden; und eine Zeit lang ging alles besonders gut.

Die Truppen verteilten sich in alle Richtungen. Ausgucke mit Fernrohren wurden postiert, um die benachbarten Hügel zu beobachten, und ich konnte sehen, wo der Stab des Hauptquartiers versammelt war, um die Lage zu besprechen. Nach und nach näherten sie sich der Stellung, in der ich mich befand, und teilten sich in zwei Gruppen auf; die eine mit dem General blieb stehen, während die andere in Richtung des Hügels kam, auf dem ich lag.

Dann begannen einige von ihnen zu meinem Entsetzen, auf meine Festung zu klettern.

Ich stand sofort auf und machte keine weiteren Anstalten, mich zu verstecken, sondern holte mein Skizzenbuch hervor und begann, die

"Morgendämmerung in den Bergen" zu zeichnen. Ich wurde sehr bald bemerkt, und ein oder zwei Beamte kamen zu mir herüber und unterhielten sich mit mir, wobei sie offensichtlich wissen wollten, wer ich war und was ich dort zu tun hatte.

Mein Motto lautet, dass man mit einem Lächeln und einem Stock jede Schwierigkeit überwinden kann; der Stock war in diesem Fall offensichtlich nicht politisch; daher setzte ich ein doppeltes Extra-Lächeln auf und zeigte ihnen mein Skizzenbuch, wobei ich ihnen erklärte, dass es das einzige Ziel meines Lebens sei, bis zum Sonnenaufgang eine Zeichnung des Wolfszahns zu machen.

Sie brachten ihr respektvolles Interesse zum Ausdruck und erklärten dann, dass es ihr Ziel sei, vom Wolfszahn aus einen Angriff auf den benachbarten Berg zu unternehmen, vorausgesetzt, der Feind befände sich tatsächlich in dessen Besitz. Ich für meinen Teil zeigte ein mildes, aber taktvolles Interesse an ihrem Vorgehen.

Je weniger Interesse ich zeigte, desto eifriger schienen sie daran interessiert zu sein, mir die Dinge zu erklären, bis ich schließlich den gesamten Plan vor mir hatte, veranschaulicht durch ihre eigenen Kartenskizzen der Gegend, die viel detaillierter und vollständiger waren als alles, was ich bisher gesehen hatte.

In kurzer Zeit waren wir im besten Einvernehmen; sie tranken Kaffee, den sie mit mir teilten, während ich meine Zigaretten und Pralinen an sie verteilte. Sie wunderten sich darüber, dass ich so früh aufgestanden war, waren aber sehr zufrieden, als ich ihnen erklärte, dass ich aus Wales stamme, und schlossen sofort darauf, dass ich ein Highlander sei, und fragten, ob ich zu Hause einen Kilt trage.

Mitten in unserem Austausch von Höflichkeiten wurde Alarm gegeben, dass der Feind in Sicht sei, und bald sahen wir durch unsere Gläser lange Reihen von Männern, die aus allen Richtungen über den Schnee auf uns zukamen. Zwischen uns und dem Feind lag eine weite und tiefe Schlucht mit fast senkrechten Flanken, die hier und da von Ziegenpfaden im Zickzackkurs durchzogen war.

Die Offiziere wurden zusammengerufen, ihnen wurde die Taktik des Kampfes erklärt, und in wenigen Minuten waren die Bataillons- und Kompaniekommandeure verstreut und studierten mit ihren Gläsern den gegenüberliegenden Berg, wobei jeder, wie sie mir damals erklärten, für sich und seine Männer eine Linie für den Aufstieg zum Angriff auswählte .

Dann wurde der Befehl zum Vormarsch gegeben, und die Infanterie zog in langen Reihen von Männern los, die mit Alpstöcken und Seilen bewaffnet waren. Die Seile dienten dazu, sich gegenseitig an schlechten Stellen abzuseilen und die Männer aneinander zu binden, wenn sie in den Schnee kamen, um sie vor dem Absturz in Gletscherspalten zu bewahren usw. Der aufregendste Moment des Tages war jedoch, als sich die Artillerie in die Schlucht hinunterbewegte; die Geschütze wurden alle in Abschnitten auf den Rücken von Maultieren transportiert, ebenso wie ihre Munition und Ersatzteile.

In wenigen Minuten wurden Dreibeine aufgestellt, die Maultiere in Schlingen gelegt, Waffen und Tiere nacheinander in die Tiefe hinabgelassen, bis sie auf brauchbarem Boden landeten. Hier wurden sie wieder aufgeladen und an ihre Stränge gehängt, um die gegenüberliegenden Berge zu erklimmen, und in unglaublich kurzer Zeit sah man Maultiere und Infanterie wie kleine Ameisenreihen auf allen verfügbaren Pfaden zu den Eisfeldern hinaufklettern, die man finden konnte. Die tatsächlichen Ergebnisse des Feldtages interessierten mich nicht mehr; ich hatte gesehen, weswegen ich gekommen war - die Spezialtruppen, ihre Geschütze, ihre Versorgungs- und Krankenhauseinrichtungen, ihre Methoden, sich in diesem scheinbar unwegsamen Land zu bewegen, und ihre Karten und Signalisierungsmethoden.

Alles war neu, alles war praktisch. Als ich mir zum Beispiel eine der mir gezeigten Karten ansah, bemerkte ich, dass ich eigentlich erwartet hätte, dass darauf jeder Ziegenpfad eingezeichnet wäre, aber der Offizier antwortete, dass das nicht nötig sei; jeder seiner Männer sei in diesem Tal geboren und kenne jeden Ziegenpfad über den Berg. Außerdem bleibe ein Ziegenpfad wegen der Erdrutsche und Auswaschungen nicht länger als ein paar Wochen oder höchstens ein paar Monate bestehen; sie würden ständig verändert, und sie auf einer Karte zu markieren, würde zu Verwirrung führen.

SICH ALS KÜNSTLER AUSGEBEN.

Meine Bergsteigerfähigkeiten kamen bei einer anderen Gelegenheit ähnlicher Art zum Einsatz. Meine Vorgesetzten hatten mir eine Karte eines Gebirgsbezirks geschickt, auf der vermerkt war, dass vor kurzem drei Forts gebaut worden waren. Die Lage dieser Festungen war nur allgemein bekannt, und über ihre Größe und Bewaffnung war nichts in Erfahrung zu bringen.

Nach meiner Ankunft in der einzigen Stadt in der Umgebung von verbrachte ich die ersten Tage damit, herumzuschlendern und mir allgemein die Berge anzusehen, zwischen denen sich die Festungen befinden sollten. In der Zwischenzeit hatte ich durch meinen Gastwirt die Bekanntschaft von ein oder zwei einheimischen Sportlern gemacht, und ich erkundigte mich bei ihnen nach den Möglichkeiten, in den Bergen Rebhühner oder andere Tiere zu schießen, wenn die Saison anbricht.

Ich erzählte ihnen, dass ich in solchen Gegenden gerne einige Tage lang kampiere, um zu skizzieren und zu schießen. Ich erkundigte mich nach den Möglichkeiten, Zelte und Maultiere zu mieten, um sie zu transportieren, und man empfahl mir einen guten Maultiertreiber, der die ganze Landschaft kannte und mir alle in Frage kommenden Campingplätze nennen konnte.

Schließlich beauftragte ich ihn, mit mir ein oder zwei Tage lang die Gegend zu erkunden, um auf einem Campingplatz zu übernachten und die Aussicht zu genießen. Wir fuhren eine beträchtliche Strecke auf einer herrlichen Hochstraße, die in die Berge hinaufführte. Als wir in die Höhe kamen, schlug er vor, die Straße zu verlassen und in die Schlucht hinunterzuklettern, der wir ein Stück entlanggehen konnten ( ), um dann wieder aufzusteigen und die Straße weiter oben wieder zu erreichen.

Er erklärte dann, dass es sich um eine Militärstraße handele und dass es wünschenswert sei, sie ein Stück weit zu verlassen, um das Wachhaus zu umgehen, in dem ein Wächter postiert sei, der befehle, niemanden über diesen Punkt hinauszulassen.

Wir umgingen das Wachhaus auf seine Anweisung hin erfolgreich und befanden uns schließlich wieder auf der Straße, in einer Position weit oben auf dem Kamm; aber zu unserer Linken, während wir die Straße hinauffuhren, befand sich ein steiler Nebenkamm, den wir bald darauf hinaufstiegen.

Als wir kurz vor dem Gipfel waren, sagte er mit einem wissenden Grinsen zu mir:-

"Wenn Sie jetzt dort drüben hinschauen, werden Sie genau das sehen, was Sie wollen."

Und als ich mich umsah, entdeckte ich unter mir eine der neuen Festungen. Es war genau das, was ich sehen wollte, ausgebreitet vor meinen Augen wie eine Landkarte. Ich musste es einfach aus der Vogelperspektive betrachten, um den gesamten Plan zu verstehen.

Dahinter, auf einem anderen Bergrücken, lag ein weiteres Fort, und fast hinter mir konnte ich einen Teil des dritten sehen, während dahinter und darüber noch mehr Forts auf den Höhen lagen. Ich war in ein regelmäßiges Nest von ihnen geraten. Von meiner Position auf dem Bergrücken aus hatte ich einen herrlichen Blick auf die Berge, und ich sagte zu ihnen:-

"Ja, in der Tat, Sie haben mich genau an den richtigen Ort gebracht."

Aber er grinste wieder hämisch, zeigte auf die Festung hinunter und sagte:-

"Ja, aber das ist die beste Aussicht von allen, denke ich."

Er schien meine Absichten voll und ganz zu begreifen. Weit unter den Forts lagen die Meerengen, die sie für die Schiffe, die sie durchfuhren, schützen sollten. Ich machte mich sofort daran, eine Skizze des Panoramas anzufertigen, wobei ich den Bereich, in dem sich die Festungen befanden, sorgfältig ausließ, zum einen, um den Verdacht meines Freundes zu entkräften, zum anderen, um mich im Falle meiner Verhaftung zu schützen.

Mein Begleiter meldete sich daraufhin freiwillig, um zum Fort hinunterzugehen und seinen Bruder zu holen, der, wie er sagte, dort als Kanonier stationiert war und mir jede gewünschte Information über die Geschütze usw. geben konnte.

Das klang fast zu schön, um wahr zu sein, aber mit der größten Gleichgültigkeit sagte ich, dass ich mich freuen würde, ihn zu sehen, und ging mit meinem Freund davon. Kaum war er außer Sichtweite , machte ich mich auf den Weg zu einer benachbarten Kuppe, wo ich mich verstecken konnte, falls er eine Gruppe von Männern herbeirufen würde, um mich zu fangen.

Von hier aus konnte ich eine ziemlich genaue Skizze des Forts und seiner Geschützstellungen auf der Innenseite meines Hutfutters anfertigen, und als ich dieses ersetzt hatte, fuhr ich so schnell wie möglich mit meiner Skizze fort, um zu zeigen, dass ich während der Abwesenheit des Führers voll beschäftigt gewesen war.

Bald sah ich ihn zurückkehren, aber da er nur in Begleitung eines anderen Mannes war, schlich ich mich wieder an meinen ursprünglichen Platz und empfing sie lächelnd.

Der Kanonier war sehr kommunikativ und erzählte mir alles über seine Kanonen, ihre Größe und ihre Fähigkeiten in Bezug auf Reichweite und Genauigkeit. Er erzählte mir, dass einmal im Jahr ein altes Schiff, das abgewrackt werden sollte, hinter einem Dampfer durch die Meerenge geschleppt wurde, um den Verteidigungsanlagen bei der Durchfahrt ein Ziel zu bieten. Er sagte bedauernd:-

"Wir sind Fort Nummer drei, und bisher ist es noch keinem Schiff gelungen, an Nummer eins und zwei vorbeizukommen - sie werden immer versenkt, bevor sie uns erreichen", und er nannte mir die genaue Entfernung und die Anzahl der abgefeuerten Schüsse, was zeigte, dass sie ziemlich gut schießen konnten.

Ich erfuhr noch viele andere Einzelheiten über die Zahl der Männer, ihre Verpflegung und ihre Unterbringung, und einige Tage später konnte ich mit einem guten Vorrat an wertvollen Informationen und den guten Wünschen und Hoffnungen meiner verschiedenen Freunde nach Hause fahren, dass ich eines Tages zurückkehren würde, um Rebhühner zu schießen. Aber ich bin mir sicher, dass ein Mann weder als Künstler noch als Sportler von meinen Berufen angetan war, und das war der Maultiertreiber.

EINE DEUTSCHE WACHE TÄUSCHEN.

Bei einer anderen Gelegenheit wollte ich herausfinden, welchen Wert die Musketierausbildung einer ausländischen Infanterie hatte. Es wurde auch berichtet, dass sie vor kurzem eine neue Art von Maschinengewehr erworben hatten, das besonders schnell feuerte und sehr genau in seiner Wirkung war. Das Kaliber und das allgemeine Muster waren bekannt (anhand von Fotografien), aber über die tatsächlichen Fähigkeiten gab es nur Vermutungen.

Bei dieser Gelegenheit dachte ich, dass es am einfachsten wäre, unerkannt zu gehen. Ohne jegliche Tarnung hielt ich mich in Garnisonsstädten auf, wo ich zufällig einen oder zwei Offiziere kannte. Ich ließ mich mit anderen Offizieren bekannt machen und wurde nach und nach ihr Begleiter bei den Mahlzeiten und bei ihren Abendveranstaltungen. Sie setzten mich auf ihre Pferde, ich ritt mit ihnen auf ihren Dienstrunden, und ich nahm an ihren Feldtagen und Manövern teil; aber immer, wenn wir uns den Schießständen näherten, wurde ich höflich, aber bestimmt gebeten, nicht weiterzugehen, sondern ihre Rückkehr abzuwarten, da diese Praxis absolut vertraulich sei. Ich konnte von ihnen keine Informationen darüber erhalten, was in der Umzäunung vor sich ging, in der der Schießstand versteckt war.

Zwei meiner englischen Freunde hielten eines Tages unvorsichtigerweise am Eingangstor zu einem der Gebirgszüge an und wurden prompt verhaftet und einige Stunden lang im Wachzimmer festgehalten, bis sie schließlich aufgefordert wurden, den Ort zu verlassen, ohne dass sie viel Genugtuung dabei erlebten. Ich sah also, dass Vorsicht geboten war. Nach und nach, vor allem nach einigen sehr heiteren Abenden, entlockte ich meinen Freunden eine gewisse Menge an Informationen darüber, was das neue Maschinengewehr tat und wahrscheinlich tun würde, und wie ihre Soldaten natürlich niemals ein laufendes Ziel treffen konnten, da sie nur mit größter Mühe überhaupt ein stehendes trafen. Aber mehr als das war nicht zu bekommen.

Ich zog jedoch weiter zu einer anderen Militärstation, wo ich als Fremder eine andere Vorgehensweise ausprobierte. Die Schießstände waren von einem Baumgürtel umgeben, außerhalb dessen sich ein unüberwindbarer Zaun befand, der auf beiden Seiten von zwei Wachen bewacht wurde. Es schien unmöglich zu sein, den Schießstand ohne große Schwierigkeiten zu betreten oder sich ihm auch nur zu nähern.

Eines Tages schlenderte ich sorglos in Richtung des Schießstandes, an einer Stelle, die weit vom Eingangstor entfernt war, und legte mich hier auf das Gras, als ob ich schlafen wollte, in Wirklichkeit aber, um zu lauschen und das Tempo des Schießens aus dem Geräusch und auch die Menge des Erfolgs aus dem Klang der Treffer auf der Eisenscheibe zu entnehmen. Nachdem ich auf diese Weise eine gewisse Menge an Daten gewonnen hatte, näherte ich mich weiter an, in der Hoffnung, einen Blick auf das Geschehen zu erhaschen.

Während der Wache den Rücken zugewandt, eilte ich zum Zaun, und obwohl ich nicht hinüberklettern konnte, fand ich eine lose Planke, durch die ich einen guten Blick auf das Geschehen hatte.

Während ich damit beschäftigt war, drehte sich der Wachposten zu meinem Entsetzen plötzlich um und kam wieder auf mich zu. Aber ich war auf solche Eventualitäten vorbereitet und holte aus meiner Tasche eine Flasche Schnaps hervor, die ich zu diesem Zweck mitgebracht hatte, indem ich die Planke an ihren Platz zurückstieß. Die Hälfte davon hatte ich bereits über meine Kleidung gestreut, und als der Mann sich mir näherte, fand er mich in einem Zustand der Trunkenheit vor, ich roch widerlich nach Schnaps und bot ihm ausgiebig an, die Flasche mit ihm zu teilen.

Die obige Skizze zeigt den Schreiber an einem engen Ort. Er wurde in unmittelbarer Nähe eines Schießstandes von einer deutschen Wache entdeckt. Er gab vor, betrunken zu sein, und entkam so. Aber es war eine knappe Angelegenheit.

Er konnte nichts mit mir anfangen und führte mich deshalb sanft, aber bestimmt zum Ende seiner Runde, stieß mich hinaus und riet mir, nach Hause zu gehen, was ich mit großer Zufriedenheit tat....

EIN SPION IST VERDÄCHTIG.

Die Praxis der Spionage hat eine unglückliche Tendenz: Sie lehrt einen, niemandem zu trauen, nicht einmal einem vermeintlichen Wohltäter. Ein fremdes Land hatte vor kurzem ein neuartiges Feldgeschütz hergestellt, das in einer seiner Kolonien ausgiebig und heimlich getestet wurde, um nicht beobachtet zu werden. Ich wurde geschickt, um Einzelheiten über diese Waffe herauszufinden. Bei meiner Ankunft in der Kolonie stellte ich fest, dass eine Batterie neuer Geschütze an einem entfernten Punkt entlang der Eisenbahnlinie Versuche durchführte.

Der Ort war eigentlich nur ein Bahnhof am Straßenrand, in dessen Nähe sich nicht einmal ein Dorf befand, so dass es schwierig sein würde, dort hinzugehen und zu bleiben, ohne sofort aufzufallen. Der Fahrplan zeigte jedoch, dass der normale Tageszug dort für eine halbe Stunde zum Lokwechsel anhielt, und so beschloss ich, zu sehen, was ich in der mir zur Verfügung stehenden Zeit tun konnte.

Wir fuhren fröhlich mit dem Nahverkehrszug und hielten an jeder kleinen Station an. An einem dieser Bahnhöfe stieg ein Bauer aus der Kolonialzeit in meinen Wagen, und obwohl er scheinbar krank und trübsinnig war, kamen wir ins Gespräch über das Land und die Ernten.

Schließlich erreichten wir den Bahnhof, wo sich die Geschütze befinden sollten. Ich schaute eifrig aus dem Fenster und man kann sich meine Freude vorstellen, als ich unmittelbar vor dem Bahnhofsgelände eine ganze Batterie von Geschützen stehen sah.

Alle verließen den Zug, um sich die Beine zu vertreten, und ich verlor keinen Augenblick damit, durch den Bahnhof zu eilen und hinauszugehen, um mir das, was ich sehen wollte, näher anzusehen.

Der Wachposten an den Geschützen befand sich auf der anderen Seite von mir, und so konnte ich mir den Verschluss und verschiedene andere Dinge aus der Nähe ansehen, bevor er zu mir kommen konnte. Aber er bemerkte meine Anwesenheit sehr schnell und kam nicht nur selbst, sondern rief einem anderen Mann zu, den ich bisher noch nicht hinter einer Ecke der Bahnhofsmauer gesehen hatte.

Das war der Unteroffizier der Wache, der sich auf mich stürzte und mich mit allen möglichen Schimpfwörtern beschimpfte, weil ich mich ohne Genehmigung hier aufhielt . Ich versuchte ihm zu erklären, dass ich nur ein harmloser Passagier sei, der sich im Zug die Beine vertreten wollte, und dass ich seine verrotteten alten Kanonen nicht bemerkt hätte. Aber er scheuchte mich schnell zurück in den Bahnhof.

Ich begab mich wieder in den Wagen, holte meinen Feldstecher und setzte meine Untersuchungen vom Wageninneren aus fort, von wo aus ich einen guten Blick auf die Geschütze vor dem Bahnhof hatte und eine Menge Informationen über ihr Gewicht, ihr Kaliber usw. notieren konnte. Mitten in meinen Beobachtungen stellte ich plötzlich fest, dass die Sicht verdeckt war, und als ich aufblickte, sah ich das Gesicht des Gefreiten, der mich auf frischer Tat ertappt hatte. Aber mehr war in diesem Moment nicht zu sehen.

Mein Freund, der Bauer, kehrte zu seinem Platz zurück, die Pfeife ertönte, und der Zug fuhr weiter.

Als ich das Gespräch mit dem Kolonisten wieder aufnahm, bemerkte ich sein kränkliches Aussehen und erkundigte mich nach seinem Gesundheitszustand. Der arme Mann, dem die Tränen über die Wangen liefen, gestand mir daraufhin, dass ihn nicht die Krankheit des Körpers, sondern die Sorge des Geistes plagte.

Er war bei seinem Versuch, eine erfolgreiche Farm zu gründen, völlig gescheitert und hatte den Zug mit dem Gedanken betreten, sich die Kehle durchzuschneiden, was er auch getan hätte, wenn ich ihn nicht daran gehindert hätte. Das Leben war für ihn zu Ende, und er wusste nicht, was er tun sollte. Ich brachte ihn dazu, über seine Verluste zu sprechen, und bot ihm Vorschläge an, die auf den Erfahrungen eines Freundes von mir beruhten, der ebenfalls Landwirt in diesem Land war und zehn Jahre lang gescheitert war, bis ihm im elften Jahr die richtige Methode einfiel und er nun sein Geschäft zu einem großen Erfolg machte.

Das machte meinem unbeständigen Begleiter sofort Hoffnung. Er rappelte sich auf und wurde fröhlich und vertraulich. Schließlich sagte er:

"Du hast mir einen Gefallen getan. Ich werde etwas für Sie tun. Ich weiß, dass Sie ein deutscher Spion sind, und ich weiß, dass Sie auf dem Bahnhof verhaftet werden, wo der Zug für die Nacht hält. Sie wurden am letzten Bahnhof von einem Unteroffizier gesehen, und während ich im Telegrafenamt war, kam er herein und schickte ein Telegramm an den Kommandanten des Endbahnhofs, in dem er berichtete, dass ein deutscher Spion die Waffen untersucht habe und in diesem Zug in diesem Waggon unterwegs sei."

Ich lachte sofort herzlich über diesen Irrtum und erklärte ihm, dass ich gar kein Deutscher sei. Er erwiderte, das würde mir nichts nützen - ich würde trotzdem verhaftet werden, wenn ich bis zum Ende der Reise weiterfahre.

"Aber", schlug er vor, "ich selbst werde gleich am nächsten Bahnhof aussteigen, um zu meinem Hof zurückzukehren, und ich rate Ihnen, ebenfalls dort auszusteigen. Sie werden ein gutes Gasthaus finden, in dem Sie übernachten können, und morgen früh wird Sie der Frühzug genau über diesen Bahnhof bringen, wo der Militärkommandant heute Nacht nach Ihnen Ausschau halten wird."

Ich erwiderte, dass ich als Engländer nichts zu befürchten hätte und weiterfahren sollte.

An der nächsten Station stieg er dementsprechend aus, und nach einer herzlichen Verabschiedung fuhr ich weiter. Aber zwischen diesem und dem nächtlichen Halt lag noch ein weiterer Bahnhof, und als ich dort ankam, befolgte ich den Rat meines Freundes, stieg aus und verbrachte die Nacht in dem kleinen Gasthaus des Ortes. Seinem Rat folgend, nahm ich am nächsten Morgen den Frühzug und lief über zu dem Ort, an dem man nach mir Ausschau gehalten hatte. Ich war nicht ausgestiegen, als er mich an seinem Bahnhof einlud, damit seine Einladung nicht nur eine Falle war, um zu testen, ob ich ein Spion war; hätte ich sie angenommen, hätte er zweifellos Freunde zur Hand gehabt, die meine Verhaftung veranlasst hätten. So aber kam ich ungeschoren davon, mit allen Informationen, die ich über die neue Waffe haben wollte.

EINEN TÜRKISCHEN WACHPOSTEN TÄUSCHEN.

Vor kurzem war eine große neue türkische Festung gebaut worden, und meine Aufgabe war es, mir ein Bild von ihrem Plan und ihrer Konstruktion zu machen. Von meinem Gasthaus in der Stadt aus schlenderte ich eines Morgens früh vor Sonnenaufgang hinaus, in der Hoffnung, keine wachenden Wachen vorzufinden, so dass ich die notwendigen Winkel einnehmen und die gewünschten Basen abstecken konnte, um einen ziemlich genauen Plan davon zu erstellen.

Bis zu einem gewissen Grad war mir das gelungen, als ich zwischen den Sandhügeln einen anderen Kerl bemerkte, der sich umschaute und, so schien es mir, versuchte, mir auszuweichen. Das war ziemlich bedrohlich, und ich verbrachte einige Zeit damit, diesem "Ausreißer" auszuweichen, weil ich mir einbildete, dass er zwangsläufig zu den Wachen gehörte, die versuchten, mich zu fangen.

Indem ich ihm auswich, setzte ich mich unglücklicherweise mehr als sonst den Blicken des Forts aus und wurde bald von einem der Wachposten herausgefordert. Ich verstand seine Sprache nicht, aber ich konnte seine Geste gut verstehen, als er sein Gewehr präsentierte und gezielt auf mich zielte. Das veranlasste mich, so schnell wie möglich hinter einem Sandhügel in Deckung zu gehen, wo ich mich hinsetzte und eine ganze Weile wartete, um die Aufregung abklingen zu lassen.

Und wen sah ich da um die Ecke eines benachbarten Sandhügels schleichen, nämlich meinen Freund, den "Schwindler"! Es war zu spät, um ihm auszuweichen, und in dem Moment, in dem er mich sah, schien er eher weggehen zu wollen, als mich zu verhaften. Wir erkannten dann, dass wir uns gegenseitig fürchteten, und kamen daher mit einer gewissen Scheu auf beiden Seiten zusammen.

Wir kamen jedoch ins Gespräch, und zwar auf Französisch, und ich stellte sehr bald fest, dass wir, obwohl Vertreter verschiedener Nationalitäten, beide am selben Plan für das Fort interessiert waren. Wir taten uns also zusammen und verglichen hinter einem Sandhügel die Informationen, die wir bereits erhalten hatten, und entwarfen dann einen kleinen Plan, um das Ganze zu vervollständigen.

Mein Freund stellte sich mit dem Rücken zum Fort an eine markante Stelle und begann zu rauchen, wobei er den Anschein erweckte, dass ihm das Verteidigungswerk hinter ihm völlig gleichgültig war. Damit wollte er die Aufmerksamkeit der Wache auf sich ziehen, während ich auf der anderen Seite des Werks herumkroch, wo ich unsere Untersuchung in allen Einzelheiten abschließen konnte.

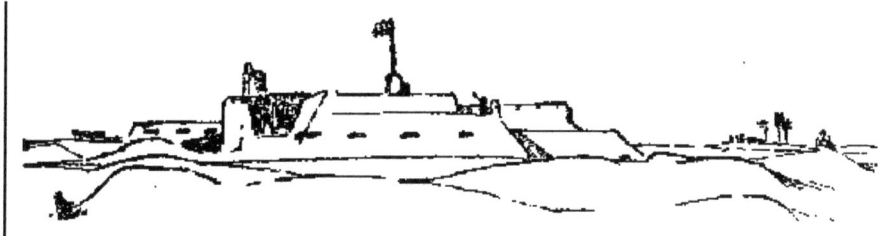

Eine Skizze, die zeigt, wie es mir und einem anderen Spion gelang, unter den Augen einer Wache Zeichnungen eines Forts anzufertigen. Der Spion auf der rechten Seite des Bildes tut nichts weiter, als die Aufmerksamkeit der Wache auf sich zu ziehen, während ich auf der linken Seite des Bildes die notwendigen Zeichnungen anfertige.

Es war spät in der Nacht, als wir uns im Schlafzimmer des "Dodgers" trafen, und wir fertigten vollständige Durchzeichnungen und fertige Zeichnungen an, wobei jeder von uns sein eigenes Exemplar für sein eigenes Hauptquartier mitnahm. Ein oder zwei Tage später nahmen wir gemeinsam einen Dampfer nach Malta, von wo aus wir uns auf unsere jeweilige Heimreise begaben - er auf seinem Weg zurück nach Italien.

Da wir beide ein oder zwei Tage auf Malta warten mussten, fungierte ich während seines Aufenthalts als sein Gastgeber. Als wir in den Hafen einfuhren, wies ich ihn auf die großen 110-Tonnen-Geschütze hin, die zu jener Zeit die Einfahrt schützten und für jeden mit zwei Augen im Kopf sichtbar waren. Ich wies ihn auf verschiedene andere interessante Batterien hin, die ebenso offensichtlich waren, aber ich versäumte es, andere Teile zu erwähnen, die für ihn von größerem Interesse gewesen wären.

Er verließ Malta jedoch mit dem Gedanken, dass er seiner Regierung mit seiner Reise insgesamt einen guten Dienst erwiesen hatte, und er war von seinem Glück überzeugt, dass er mit mir eine recht einfache Person gefunden hatte, die ihn herumführte.

Ich hatte das Glück, ihm einige Jahre später zu begegnen, als er, vielleicht unbewusst, das Kompliment erwiderte, das ich ihm auf Malta gemacht hatte. Er war damals für ein großes Arsenal in einer der Kolonien seines Landes verantwortlich. Dieses befand sich in einer Zitadelle auf einem hohen Bergrücken, der von einem reißenden Fluss umflossen wurde.

Mein Auftrag lautete damals, herauszufinden, ob es in dieser Kolonie eine Organisation zur Mobilisierung der Eingeborenen als Reserve gibt, falls die regulären Truppen zu einem anderen Einsatz abberufen werden. Außerdem sollte ich herausfinden, ob es irgendeine Möglichkeit gab, diese Eingeborenen zu bewaffnen, und wenn ja, auf welche Weise und in welcher Anzahl.

Da ich wusste, dass mein Freund dort einquartiert war, wandte ich mich zunächst an ihn, ohne einen konkreten Plan zu haben, wie ich an die Informationen gelangen sollte. Er war so freundlich, mit mir einen

Rundgang durch die Stadt, hinunter zum Fluss und hinauf zur Zitadelle zu machen.

Durch einen glücklichen Zufall kam ich auf die Idee, dass die Zitadelle mit elektrischem Licht beleuchtet werden sollte, da die Wasserkraft, die der darunter liegende Sturzbach erzeugt, einen Dynamo zu sehr geringen Kosten betreiben könnte, wenn er richtig konstruiert wäre. Diese Idee ging mir so sehr durch den Kopf, dass ich, während wir durch die Kasernen und Gebäude des Forts gingen, immer wieder darauf hinwies, wie einfach und kostengünstig die Orte verkabelt und beleuchtet werden könnten. Und ich überzeugte ihn allmählich davon, dass dies eine Angelegenheit war, die er aufgreifen und seinem Vorgesetzten vorschlagen sollte.

Als er schließlich fast alles gesehen hatte, bemerkte mein Freund: "Ich nehme nicht an, dass Sie das Arsenal von innen sehen wollen, es ist so ähnlich wie viele andere, die Sie schon gesehen haben." Aber ich versicherte ihm, dass es mich sehr interessieren würde; in der Tat war es ziemlich wichtig, um eine ungefähre Einschätzung für die Beleuchtung zu bekommen; und so nahm er mich auf.

Über der Tür jedes Raumes stand der Name des Stammes und die Anzahl der Männer, die im Bedarfsfall mobilisiert werden konnten, sowie die Anzahl der Waffen und die Menge der Munition, die für jeden Stamm zur Verfügung standen.

Nachdem er mich durch zwei oder drei Räume geführt hatte, sagte er: "Es gibt noch viele andere dieser Art, aber Sie haben wahrscheinlich genug gesehen." Aber ich rief eifrig aus, dass ich die anderen sehen müsse, um dieses elektrische Beleuchtungssystem beurteilen zu können. Wenn es noch mehr Räume gäbe, wäre ein extra großer Dynamo erforderlich, was zu höheren Kosten führen würde, aber ich hoffte, durch Sparsamkeit bei der Anzahl der Lampen den ursprünglichen Kostenvoranschlag einhalten zu können, an den ich gedacht hatte.

Wir gingen also unablässig durch alle Räume und suchten nach den Stellen, an denen sich Lampen am günstigsten aufstellen ließen, und ich machte Berechnungen mit Bleistift und Papier, die ich ihm zeigte, während ich auf meinem Hemdkragen die Namen der Stämme und die anderen Informationen notierte, die meine Vorgesetzten zu Hause verlangten, die ich ihm aber nicht zeigte.

Die Bewaffnung der einheimischen Hilfstruppen, ihre Organisation und ihre Zahl ließen sich auf diese Weise verhältnismäßig leicht herausfinden - dank jenes kleinen Glücksfalls, der, wie ich wiederholen möchte, so oft zum Erfolg führt, sei es beim Spähen oder beim Auskundschaften.

Eine schwierigere Aufgabe war es jedoch, den praktischen Kampfwert dieser Personen zu ermitteln.

TEE UND EIN TRUTHAHN.

Es hatte sich herumgesprochen, dass in einem der Forts am Bosporus einige wunderbare neue Geschütze installiert worden waren und dass man bei ihrer Aufstellung große Geheimhaltung walten ließ. Es war meine Pflicht, mich dorthin zu begeben und alle Einzelheiten darüber herauszufinden.

Meinen ersten Tag in Konstantinopel verbrachte ich unter der Führung einer amerikanischen Dame damit, die Sehenswürdigkeiten der Stadt zu besichtigen, und als wir fast alle üblichen Orte für Touristen besucht hatten, fragte sie, ob es noch etwas gäbe, das ich sehen wollte, und in gewisser Weise ließ ich sie in mein Vertrauen, als ich ihr sagte, dass ich alles dafür geben würde, das Innere einer dieser Festungen zu sehen, wenn es möglich wäre.

Sie sagte sofort, dass sie mich gerne zu ihrem alten Freund Hamid Pascha mitnehmen würde, der in einem der Häuser einquartiert war und immer bereit war, sie und ihre Freunde auf eine Tasse Tee einzuladen.

Als wir am Tor des Forts ankamen, ließen uns die Wache und der verantwortliche Offizier auf keinen Fall passieren, bis die Dame sagte, sie sei eine Freundin des Paschas, woraufhin wir sofort eingelassen und in sein Quartier geführt wurden.

Er war ein charmanter Gastgeber und empfing uns mit der größten Freundlichkeit. Nachdem er uns sein eigenes Quartier und die vielen Kuriositäten, die er gesammelt hatte, gezeigt hatte, führte er uns durch das ganze Fort und wies uns auf seine alten und modernen Verteidigungsanlagen hin und zeigte uns schließlich seine Kanonen. Zwei dieser Geschütze, die sich an einer etwas hervorgehobenen Stelle befanden, wo sie von außen leicht zu sehen waren , waren mit Segeltuchplanen bedeckt.

Ich war natürlich sehr aufgeregt, als ich sie sah, und bat die Dame insgeheim, ihn zu überreden, dass wir sie uns ansehen dürften, und er willigte sofort ein, da er mich für einen Amerikaner hielt, und sagte über das ganze Gesicht grinsend: "Das ist unsere allerneueste Entwicklung".

Ich zitterte fast, als die Abdeckungen abgenommen wurden, und dann erkannte ich Kanonen, wirklich von einer modernen Marke, aber weder sehr neu noch stark, und dann verriet er das ganze Geheimnis, indem er sagte: "Natürlich versuchen wir, eine gewisse Macht mit der Idee zu beeindrucken, dass wir unsere Festungen wieder aufrüsten, und deshalb lassen wir verlauten, dass wir diese Geschütze streng geheim halten und vor den Blicken der Spione verbergen."

Bei einer anderen Gelegenheit fiel es mir zu, einige der Verteidigungsanlagen der Dardanellen zu inspizieren, und ich fand, dass dies am besten von der Seeseite aus geschehen konnte. Dazu musste ich einen alten Getreidedampfer nehmen, der zwischen Odessa und Liverpool verkehrte, und meine Reise mit ihm war eine der reizvollsten und originellsten, die mir je beschieden war.

Ein Trampdampfer, der mit Getreide beladen ist, bis seine Ladung fast aus den Ventilatoren von herausläuft, ist - entgegen allen Erwartungen - ein recht komfortables Schiff für eine Kreuzfahrt. Der Kapitän und seine Frau wohnten in komfortablen Kabinen mittschiffs unter der Brücke; auf dem Achterdeck gab es Schweine und Hühner, die sich reichlich von der Ladung ernährten. Die gute Frau des Kapitäns war Schottin und daher eine ausgezeichnete Köchin.

Alles war sehr sauber und bequem, und der Kapitän ging auf meine verschiedenen Pläne zur Beobachtung und Untersuchung der Verteidigungsanlagen der Küste ein, während wir weiterfuhren.

Er gestattete mir praktisch, das Kommando über das Schiff zu übernehmen, was den Kurs und das Ankern betraf. Wir fuhren von einer Seite der Dardanellen zur anderen, und als wir in die Nähe einer der Festungen kamen, die untersucht werden mussten, ankerten wir das Schiff.

Unser unregelmäßiges Vorgehen lud natürlich zu Nachforschungen ein, und als ein Lotsenboot der

Regierung anlegte, um sich nach dem Grund für unser Ankern in einer bestimmten Bucht zu erkundigen, kam er zu dem Schluss, dass unsere Ruderanlage nicht in Ordnung war und dass wir angehalten hatten, um sie zu reparieren.

Während das Schiff vor Anker lag, wurde ein Boot zu Wasser gelassen, und ich vertrieb mir die Zeit, indem ich nominell fischte, in Wirklichkeit aber in der Nähe der Forts herumfuhr und eher nach Informationen als nach Fischen fischte, indem ich die verschiedenen Typen der eingesetzten Geschütze beobachtete und ihre Position und den Feuerradius skizzierte, der ihnen durch die Spreizung ihrer Schießscharten zugestanden wurde; außerdem machten wir Sondierungen, wo es nötig war, und fertigten Skizzen von möglichen Landeplätzen für Angriffe oder andere Zwecke an.

WUNDE FÜSSE.

Bosnien und Herzegowina standen unter österreichischem Schutz und lieferten ein neues Infanteriekontingent für die österreichische Armee. Dieser Truppe wurde eine erstaunliche Marsch- und Ausdauerleistung nachgesagt, wie sie bisher in Europa nicht bekannt war. Ich wurde beauftragt, herauszufinden, wie groß diese Kräfte sein könnten und was das Geheimnis ihres Erfolges war.

Ich habe sie in ihrem eigenen Land besucht. Aber bevor ich dort ankam, war ich durch Montenegro gereist, und ich hatte dort Berichte von Montenegrinern erhalten, die das hohe Lob, das ihnen entgegengebracht wurde, in gewisser Weise widerlegen. Als ich einen Montenegriner fragte, was er von seinen Nachbarn in Bezug auf das Marschieren und Bergsteigen halte, konnte er nur verächtlich ausspucken. Und dann erklärte er mir, dass jeder Dummkopf bergauf gehen kann, aber ein Montenegriner ist der einzige Mensch, der bergab gehen kann.

Er zeigte auf den runden Turm in Cettinje und erzählte mir, dass darin mehrere Haufen von Türkenköpfen lägen, weil jeder Montenegriner, der einen Haufen von neun selbst gesammelten Türkenköpfen vorweisen könne, Anspruch auf eine Goldmedaille des Fürsten habe.

Ihre Methode, die Köpfe der Türken zu gewinnen, war folgende:

Eine Gruppe von ihnen machte einen Überfall auf türkisches Gebiet und erbeutete ein paar Rinder oder Frauen. Dann wurden sie von den Türken in die Berge verfolgt, und sie stiegen eilig den Berghang hinauf, gerade weit genug, um die Türken dazu zu bringen, sie eifrig zu verfolgen. Wenn die Türken die Verfolgung aufgenommen hatten, drehten die Montenegriner plötzlich um und stürmten den Berghang hinunter.

Für die Türken gab es kein Entkommen. Sie waren nur gewöhnliche Sterbliche und konnten nicht bergab laufen. Und er zeigte mir sein großes, nacktes Knie, klopfte es voller Stolz und sagte: "Das ist es, was dich bergab bringt, und keine andere Nation hat so ein Knie wie die Montenegriner. Und was die Bosnier angeht -" dann spuckte er aus!

Da jedoch berichtet wurde, dass die Bosnier in der Marschkolonne der österreichischen Armee so großartige Leistungen erbringen, war mein nächster Schritt, die österreichischen Manöver zu besuchen und sie zu beobachten.

Es ist üblich, dass ein Militärattaché offiziell zur Beobachtung solcher Manöver entsandt wird, und er ist der Gast der betreffenden Regierung. Aber in dieser Position ist es für ihn sehr schwierig, hinter die Kulissen zu blicken. Er bekommt nur das zu sehen, was man ihm zeigen will. Meine Aufgabe war es, so viel wie möglich hinter die Kulissen zu blicken und andere Standpunkte einzuholen.

So schloss ich mich einer Gruppe von Infanteristen an, mit denen ich ein paar Tage und Nächte verbrachte. Ich war in eine bestimmte Stadt gekommen und konnte dort keinen Raum finden, in dem ich hätte schlafen können. Die Hotels waren überfüllt, und selbst in den Geschäften wurden Männer einquartiert, die auf und unter den Theken schliefen, ebenso wie in allen Dachböden und Gewölben des Ortes.

Schließlich ging ich zum Bahnhof und fragte den Bahnhofsvorsteher, ob ich in einem Waggon schlafen könne. Er teilte mir mit, dass alle Waggons mit Soldaten belegt seien; aber einer der Eisenbahner , der vom Stellwerk ein Stück weiter unten an der Strecke kam, hatte Mitleid mit mir und sagte mir, wenn ich wolle, könne ich seine Kabine mit seinem Bruder, einem Gefreiten, und seiner Truppe teilen und dort einen Platz zum Schlafen finden.

Ich stieg gerne die Treppe zum Stellwerk hinauf und wurde von dem Korporal und seinen Männern willkommen geheißen, indem sie ihre Vorräte mit mir teilten, und nach dem Abendessen und einem Gespräch legte ich mich zu ihnen.

Es war interessant zu sehen, wie gewissenhaft diese kleine Gruppe ihre Arbeit verrichtete. Zu jeder Stunde in der Nacht ging der Gefreite hinaus und inspizierte seine Wache, als wäre er im aktiven Dienst, und es wurden häufig Patrouillen durchgeführt und Berichte abgegeben, obwohl kein Offizier jemals in die Nähe des Ortes kam.

Während der nächsten zwei Tage hatten wir reichlich Erfahrung mit Marschieren und Gegenmarschieren, Schießen und Angreifen; aber wenn man hinter der riesigen Masse an Truppen herging, wurde einem bald klar, welch enormer Verlust an Nachzüglern und insbesondere an solchen mit wunden Füßen besteht. Das ging so weit, dass Wagen vorbeikamen, die die wundgelaufenen Männer aufnahmen und zur Bahnlinie zurückbrachten, wo jeden Abend ein Sonderzug bereitstand, um sie zu ihrer Garnison zurückzubringen.

Einige wenige, die bei dieser Operation im Feld ausfielen, wurden in ihren Feldlazaretten gesammelt, und so war die Zahl der Männer, die jeden Tag wegen wunden Füßen ins Krankenhaus eingeliefert wurden, im Vergleich zu der Zahl derer, die tatsächlich aus diesem Grund außer Gefecht gesetzt wurden, sehr gering.

Es war bald klar, dass mein Freund, der Montenegriner, nicht ohne Grund gespuckt hatte, und dass die Bosnier nicht härter im Nehmen waren als die anderen Nationalitäten in dieser bunten Armee.

ÖSTERREICHISCHE OFFIZIERE.

Ich hatte ein sehr starkes Mitgefühl für die österreichische Armee und ihre Offiziere. Sie waren unserer eigenen Armee sehr ähnlich, aber viel dilettantischer in ihren Kenntnissen und Führungsmethoden; so altmodisch wie die Berge und anfällig für Fehler auf Schritt und Tritt.

Der einzige, der dies zu bemerken schien, war der greise Kaiser selbst, und als er daherkam, sah er aus wie der Duke of Cambridge in seiner besten Zeit, als ein Gewitter tobte.

Das Heer wurde damals von Erzherzögen befehligt, in der Regel Männer im besten Alter ( ), die alle sehr nervös waren, was der Kaiser von ihnen halten würde, wenn er käme. Man konnte seine Ankunft an den Federn auf ihren Helmen erkennen. Ein Erzherzog sah in seiner ganzen Kriegsbemalung sehr tapfer aus, aber wenn man die grüne Feder über ihm genau beobachtete, konnte man feststellen, dass sie deutlich zitterte, wenn der Kaiser in der Nähe war.

Ihre altmodischen Methoden und ihre dilettantische Führung scheinen im aktuellen Wahlkampf einen hohen Preis zu zahlen.

EINE INTERESSANTE AUFGABE.

Auf dem Kontinent war eine neue Methode zur Beleuchtung des nächtlichen Schlachtfelds erfunden worden.

Es wurde eine chemische Substanz hergestellt, die es dem Benutzer ermöglichte, jederzeit ein starkes Licht über einen weiten Raum zu erzeugen.

Gerüchten zufolge war es so stark wie ein Suchscheinwerfer und konnte dennoch in der Tasche getragen werden. Doch sowohl über die Zusammensetzung als auch über die Erprobung wurde große Geheimhaltung gewahrt.

In derselben Armee wurde ein neuartiger Beobachtungsballon erprobt, der mit einigen hochmodernen Geräten ausgestattet war.

Außerdem wurde berichtet, dass zusätzlich zu diesen Hilfsmitteln für eine wirksame Aufklärung eine neue Methode zum Schwimmen von Flüssen durch die Kavallerie erfunden worden war, mit der jeder Mann und jedes Pferd einer Kavalleriedivision breite Flüsse ohne Schwierigkeiten oder Verzögerungen überqueren konnte.

Angesichts der politischen Spannungen in Europa bestand die Möglichkeit, dass diese Gerüchte, wie viele andere, absichtlich in die Welt gesetzt wurden, um der betreffenden Armee ein gewisses moralisches Ansehen zu verleihen.

Es wurde meine Pflicht, so weit wie möglich zu untersuchen, wie viel Wahrheit in ihnen steckt.

BEGEGNUNG MIT DER POLIZEI.

Es war ein schwieriges Land, in dem man arbeiten musste, weil die Polizei sehr streng gegen Spione jeder Art vorging, und es schien eine sehr aussichtslose Aufgabe zu sein, das herauszubekommen, was ich wissen wollte, denn man war sicher, auf Schritt und Tritt beobachtet zu werden. Wie ich später feststellte, konnte man sich durch diese Vielzahl von polizeilichen Maßnahmen relativ leicht bewegen, denn wenn man sich mutig genug zeigte, wurde dem wachsamen Polizisten sofort klar, dass man sicher von jemand anderem beobachtet wurde.

Außerdem machen Spione ihre Arbeit in der Regel allein, und bei dieser Gelegenheit war ich in Begleitung meines Bruders, was es uns erleichterte, als Touristenpaar unterwegs zu sein, das sich für das Land allgemein interessiert. Ein Mann, der allein reist, ist viel eher geneigt, die Aufmerksamkeit auf sich zu lenken und sich daher verdächtig zu machen.

Unsere Einreise in das Land war nicht ganz glücklich, denn noch im Zug gerieten wir in Schwierigkeiten mit dem Schaffner wegen eines Fensters, das er unbedingt schließen wollte, obwohl wir es öffnen wollten. Im selben Waggon wie wir saß ein Herr, der auf dem Lande einen gewissen Ruf genoss, und in einem Anfall von Geistesabwesenheit fertigte ich eine kleine Skizze von ihm an. Ich hatte sie gerade fertiggestellt, als mir ein Arm von hinten über die Schulter griff und das Bild von dem aufmerksamen Zugbegleiter weggeschnappt wurde, um als Beweismittel gegen mich verwendet zu werden.

Der Zugbegleiter in diesem Land hat offenbar den gleichen Rang wie ein Oberst in der Armee und ist daher kein Mann, mit dem man leichtfertig umgehen sollte. Bei unserer Ankunft an der Endstation wartete eine Art Ehrengarde von Gendarmen auf dem Bahnsteig auf uns, und wir wurden sofort zum Polizeibüro geführt, um uns für unser Vorgehen im Zug zu verantworten, weil wir es gewagt hatten, das Fenster zu öffnen, obwohl die Wache es geschlossen haben wollte, und weil wir Karikaturen von einem "hochgeborenen" Mann im Zug gezeichnet hatten.

Wir machten kein Geheimnis aus unserer Identität und übergaben dem Polizeipräsidenten unsere Karten, als wir ihm vorgeführt wurden. Er starrte uns - bis zu diesem Moment - grimmig an und entschied offensichtlich, welche Strafe er uns aufbrummen würde, bevor er unseren Fall überhaupt gehört hatte. Aber als er den Namen meines Bruders als Offizier der Garde sah, fragte er: "Heißt das, er ist in der Garde Ihrer Majestät Königin Victoria?" Als er hörte, dass es so war, änderte sich sein ganzes Benehmen. Er sprang von seinem Platz auf, bat uns, Platz zu nehmen, und erklärte, dass es sich um einen Irrtum handele. Offensichtlich genossen die Wachen in seinem Land einen sehr guten Ruf. Er erklärte uns, dass es bei der Eisenbahn gewisse kleine, lästige Regeln gäbe, die durchgesetzt werden müssten, aber in unserem Fall seien wir natürlich nicht an solche kleinen Vorschriften gebunden, und mit einer überschwänglichen Entschuldigung verabschiedete er uns aus dem Büro, ohne einen Makel auf unseren Charakter zu hinterlassen.

ERFOLG MIT DEM BALLON.

Wir haben nicht lange ohne den Fleck gelebt. Unsere erste Sorge war es, herauszufinden, wo und wie es möglich sein würde, etwas von dieser Ausrüstung zu sehen, wegen der wir in das Land gekommen waren. An einem etwa fünfzig Meilen entfernten Ort fanden Manöver statt, und da wir Touristen waren, begaben wir uns unverzüglich dorthin. Wir quartierten uns in einem kleinen Gasthaus unweit des Bahnhofs ein und unternahmen in den nächsten Tagen ausgedehnte Wanderungen, um den Truppen zu folgen und sie bei ihrer Arbeit in einem sehr großen Gebiet zu beobachten.

Eines Tages entdeckten wir einen Ballon, der am Himmel hing, und wir nahmen Kurs auf ihn, bis wir an seiner Station ankamen. Als er heruntergeholt und am Boden verankert war, gingen die Männer ins Lager, um ihr Abendessen zu holen, und der Ballon wurde ohne eine Seele, die ihn bewachte, zurückgelassen. Es dauerte nicht lange, bis wir beide im Auto saßen und alles über die Form der Instrumente und die Namen ihrer Hersteller notierten: . So hatten wir alle Informationen, die wir bekommen konnten, bevor die Männer zurückkamen.

WIE MAN EIN FORT BETRITT.

Als Nächstes wollten wir uns dieses wunderbare Leuchtmittel für die Nachtarbeit ansehen, und auf unserer Wanderung stießen wir auf ein großes Fort, von dem aus in der vorangegangenen Nacht Suchscheinwerfer zu sehen gewesen waren. Rund um dieses Fort waren in einem Abstand von etwa zwanzig Metern Hinweistafeln angebracht, auf denen stand, dass niemand innerhalb dieses Kreises sein durfte, und wir argumentierten, dass, wenn wir einmal drinnen waren, jeder Wachmann oder Detektiv natürlich annehmen würde, dass wir die Erlaubnis hätten, dort zu sein.

Wir haben die Idee ausprobiert, und es hat wunderbar funktioniert. Wir gingen in aller Ruhe durch die Lager und an den Wachen vorbei, ohne zu zittern, und es wurde uns keine einzige Frage gestellt. Sobald wir innerhalb dieser Linie waren, konnten wir direkt in das Fort gehen, und dort schlenderten wir entlang, als ob der Ort uns gehörte.

Es gehört schon eine gewisse Kunst dazu, sich an einem neuen Ort nicht als Fremder zu zeigen.

Was die Kleinigkeiten wie Hut, Stiefel und Krawatte angeht, so ist es gut, wenn Sie diese in dem Land, das Sie besuchen, gekauft haben. Andernfalls werden Ihre britischen Artikel mit Sicherheit die Aufmerksamkeit eines wachsamen Polizisten auf sich ziehen.

Sie verhalten sich so, wie es ein Einheimischer tun würde, der es gewohnt ist, dort zu sein.

Beim Betreten einer fremden Festung muss man ähnlich vorgehen wie beim Betreten einer fremden Stadt, nur noch mehr. Man geht so, als ob man ein bestimmtes Ziel vor Augen hätte, als ob man den Weg genau kennen würde, ohne sich für das zu interessieren, was einen umgibt. Wenn du an einem Offizier oder Würdenträger vorbeikommst, vor dem du siehst, dass alle salutieren, salutierst du auch vor ihm, damit du nicht als Sonderling dastehst. Wenn du etwas Besonderes sehen willst, schlenderst du herum, indem du eine Zeitung liest oder, wenn du in einer Stadt bist, indem du dir alles ansiehst, was du sehen willst, wie es sich in einem Schaufenster spiegelt.

Die Strafe für Spionage betrug in diesem Land fünf Jahre ohne die Möglichkeit einer Geldstrafe oder gar eines Prozesses.

Nachdem wir auf diese Weise hineingelangt waren und erfolgreich wieder herausgekommen waren - was eine ganz andere Sache ist -, fühlten wir uns überglücklich über unseren Erfolg und harrten bis zum Einbruch der Nacht aus. versuchte es nach Einbruch der Dunkelheit erneut. Das war keine leichte Aufgabe, denn der Ort war von Vorposten umgeben, die auf einen Feind warteten, der in der Nacht einen Manöverangriff durchführen wollte. Indem man sich im Lee der allgemeinen Stellung hielt, konnte man sich leise anschleichen und den Wind riechen, bis man beurteilen konnte, wo sich ein Vorposten befand und wo offenes Gelände war, und auf diese Weise konnten wir uns zwischen den Vorposten hindurchschleichen und so das Fort erreichen.

WIE WIR DIE GEHEIME BELEUCHTUNG BEKOMMEN HABEN.

Diesmal hieß es, so weit wie möglich unbemerkt durchzuschlüpfen, was uns auch gelang. Glücklicherweise kamen wir gerade an, bevor die Experimente mit den Leuchtraketen begannen. Die

Aufmerksamkeit aller war auf diese gerichtet, und niemand hatte Zeit zu bemerken oder zu beobachten, was wir taten. Wir beobachteten die Vorbereitungen und auch die Ergebnisse, und nachdem wir die Routine und die Geographie der Übung studiert hatten, konnten wir uns schließlich selbst an einigen der Raketen und der Beleuchtungskomposition bedienen, mit denen wir uns schließlich auf den Weg machten. Unverzüglich übergaben wir unsere Schätze einem vertrauenswürdigen Agenten, der sie sofort nach England überführte.

WIE DER GROSSE FLUSS DURCHSCHWOMMEN WURDE.

Unser nächster Schritt bestand darin, zu sehen, wie die Kavallerie den Fluss überquerte. Nach den erhaltenen Informationen fanden wir uns eines Morgens um kurz vor zehn Uhr an einer bestimmten Stelle des Flusses ein. Die offiziellen Attachés hatten die Nachricht erhalten, dass eine Kavalleriebrigade um zehn Uhr den Fluss an dieser Stelle überqueren würde, und um zehn Uhr sollte ihr Sonderzug dort eintreffen.

Wir waren glücklicherweise eine halbe Stunde vorher da und sahen, wie die gesamte Brigade zum Fluss hinunterkam und eine ziemlich tiefe Furt überquerte, bei der die Pferde zwar einigermaßen nass wurden, aber nicht schwammen.

Am anderen Ufer wurden einige Männer zurückgelassen. Dies waren, wie sich herausstellte, alle Männer und Pferde, die tatsächlich gut schwimmen konnten, und als der Zug ankam und die Attachés am Ufer ausstiegen, fanden sie den größten Teil der Brigade bereits angekommen, triefend nass, und der Rest schwamm in diesem Moment einfach hinüber.

Natürlich gaben sie in ihren Berichten an, dass sie die ganze Brigade schwimmen gesehen hätten ( ). Aber so kommen oft Berichte zustande, die nicht ganz der Wahrheit entsprechen.

ENDLICH GEFANGEN.

Ermutigt durch unseren Erfolg, bei Tag und Nacht in das Fort zu gelangen, setzten wir das Experiment dann mehrere Nächte hintereinander fort und beobachteten die weiteren Übungen mit Suchscheinwerfern, Sterngranaten und Leuchtraketen. Wir hatten jedoch alle notwendigen Informationen gesammelt, und es bestand für uns keine Notwendigkeit mehr, erneut dorthin zu gehen. Doch dann erreichte uns die Nachricht, dass es eine Abschlussvorstellung für den Kaiser selbst geben sollte, und ich konnte der Versuchung nicht widerstehen, noch einmal zum Fort zu gehen, da ich erwartete, dass es zu diesem Anlass eine große pyrotechnische Vorführung geben würde.

Ich kam rechtzeitig vor der Ankunft des Kaisers an und ging wie üblich in das Haus, während mein Bruder draußen blieb, um die Wirkung der Lichter aus der Sicht des Angreifers zu sehen. Drinnen war jedoch nicht alles so, wie es bei früheren Gelegenheiten gewesen war. Es waren sehr viele Beamte dort versammelt, und für meinen Geschmack zu viele Polizisten. Ich, , bereute daher mein Vorhaben und ging wieder hinaus.

Als ich dann im Dunkeln die Straße zurückging, sah ich die Lichter des kaiserlichen *Zuges auf mich zukommen.* Als die erste Kutsche an mir vorbeifuhr, tat ich das Schlimmste, was ich in diesem Moment hätte tun können: Ich wandte den Kopf ab, um im Schein der Laternen nicht erkannt zu werden. Mein Verhalten machte die Insassen des ersten Wagens misstrauisch. Es waren einige der Stabsoffiziere des Kaisers.

In einem Augenblick hielten sie die Kutsche an, stürzten auf mich zu und packten mich, ohne ein Wort zu sagen, und drängten mich in die Kutsche, um wieder zum Fort zurückzufahren. Sie stellten mir einige Fragen darüber, wer ich sei und warum ich dort sei, und bei meiner Ankunft im Fort wurde ich einigen anderen Offizieren übergeben und erneut nach meinem Anliegen gefragt.

Ich konnte nur sagen, dass ich ein Engländer sei, der den Manövern als Zuschauer beigewohnt habe und sich bemühe, den Weg zum Bahnhof zu finden (der etwa zehn Meilen entfernt war). Das entsprach zwar der Wahrheit, reichte ihnen aber nicht aus, und so packten sie mich in einen Wagen und schickten mich unter der Leitung eines Offiziers ( ) zurück zum Bahnhof, um mich der Polizei zu übergeben und in die Hauptstadt zu bringen.

Es war in meiner Lehrzeit, und ich war sehr töricht gewesen, mir ein paar Notizen zu machen, die zwar nicht zu entziffern waren, aber vielleicht trotzdem als Beweismittel gegen mich verwendet werden würden.

Sobald wir unterwegs waren, machte ich es mir daher zur Aufgabe, diese Zettel leise in kleine Stücke zu zerreißen und sie aus dem Wagenfenster zu werfen, wann immer mein Vormund in die andere Richtung schaute. Als wir am Bahnhof ankamen, hatten wir noch ein wenig Zeit zu warten, und ich fragte, ob ich in den Gasthof gehen und meine Sachen abholen dürfe. Die Erlaubnis wurde mir erteilt, und ich wurde unter der Aufsicht eines Polizeibeamten dorthin gebracht.

Eilig packte ich meine Tasche, und der gute Offizier bemühte sich, mir zu helfen, indem er alles einpackte, was er im Zimmer sehen konnte, und es zu meinen Sachen schob. Leider packte er auch die Sachen meines Bruders ein, und als er mir den Rücken zuwandte, schob ich sie zurück in das Bett meines Bruders, denn ich wollte nicht, dass man erfuhr, dass er auch dort war.

Nachdem ich endlich meinen Koffer gefüllt hatte, kümmerte sich meine darum, eine Warnung zu hinterlassen, damit auch er nicht in die Falle tappte. Während ich also dem von der Polizei herbeigerufenen Hausherrn vorgeblich die Rechnung bezahlte, schrieb ich eine Warnung auf einen Zettel, den ich an die Kerze klemmte, wo mein Bruder ihn, wenn er später nach Hause kam, unweigerlich finden würde, und dann ging ich zum Bahnhof und wurde von einem Husarenoffizier mit sympathischem Temperament in die Hauptstadt zurückgebracht.

Mit einem guten Gefühl und der wahren Gastfreundschaft seiner Art bestand er darauf, ein halbes Dutzend Flaschen Bier für mich zu kaufen - da ich ein Engländer war - und er half mir bei der Tortur in den frühen Morgenstunden.

Bei meiner Ankunft in der Hauptstadt wurde ich in einem Hotel untergebracht, mein Pass wurde mir abgenommen, und mir wurde gesagt, dass ich dort bleiben müsse, bis man mich rufe. In der Zwischenzeit könne ich mich in der Stadt bewegen, dürfe mich aber nicht ohne Erlaubnis entfernen. Sehr bald stellte ich fest, dass ich von einem Detektiv beobachtet wurde, der zu diesem Zweck abkommandiert worden war, und so machte ich die Bekanntschaft eines ausländischen Spions, der als Kellner im Hotel arbeitete. Er war sowohl über die höhere Politik als auch über militärische

Angelegenheiten so gut informiert, dass ich annahm, er müsse ein Offizier des Nachrichtendienstes sein, und er war in meiner misslichen Lage äußerst hilfsbereit und freundlich zu mir.

Er wies mich auf die Detektive des Hotelpersonals hin und teilte mir mit, dass ihre Aufgabe lediglich darin bestehe, mich zu beobachten, meine täglichen Schritte zu ermitteln und diese telefonisch an die Polizeidirektion zu melden. Er riet mir, jeden Tag vor dem Ausgehen den Portier zu informieren, damit die Detektive meine Pläne mitbekämen; sie würden dann die Polizei anrufen, die ihre eigenen Detektive auf mich ansetzen würde, während ich unterwegs sei.

DIE ENTSCHEIDUNG.

Nach kurzer Zeit kam mein Bruder vom Manövergelände zu mir zurück, aber dadurch geriet er sofort unter Beobachtung und Verdacht, und wir waren praktisch ein Gefangenenpaar. Das ging so weit, dass wir einige Tage später eines Morgens bei Tagesanbruch Besuch von einem mächtigen Freund bekamen, der auch mit der Polizei in Verbindung stand, und er riet uns, dass es das Beste sei, das Land zu verlassen, solange es noch möglich sei, und er verpflichtete sich, in aller Stille Vorbereitungen für uns zu treffen . Die Idee war, dass wir uns zu einem Seehafen schleichen sollten, wo wir als zwei Mitglieder der Besatzung auf einen britischen Dampfer gehen und so das Land verlassen könnten.

Das war der Plan. Aber die Schwierigkeit bestand darin, wie man das Ganze abwickeln konnte. Wir fanden ein Schiff, dessen Kapitän bereit war, uns zu empfangen, vorausgesetzt, dass wir unbemerkt zu ihm gelangen konnten. Mit Hilfe unseres freundlichen Kellners gaben wir dem Detektiv im Hotel zu verstehen, dass wir es leid waren, unter Verdacht zu stehen, und dass wir es wagen würden, den Zug zu nehmen und das Land zu verlassen.

Um zehn Uhr sollte ein Taxi vorbeikommen, um uns und unser Gepäck zum Bahnhof zu bringen, und wenn sich jemand einmischen würde - wir waren frei geborene Briten und unterstanden niemandem, und der Botschafter und alle anderen Mächte sollten davon erfahren! Dies war zur Information des Detektivs, und er rief lediglich das Polizeibüro am Bahnhof an, wo wir bei unserer Abreise verhaftet werden sollten.

Wir stiegen in unser Taxi und fuhren die Straße entlang in Richtung Bahnhof, bis wir außer Sichtweite des Hotels waren. Dann riefen wir unseren Fahrer an und sagten, dass wir gerne zu einem anderen Bahnhof ( ) fahren würden. Dieser Kurs beinhaltete, dass wir zum Flussufer gehen und die Fähre nehmen.

Es war eine bange Zeit. Hatte man uns entdeckt? Sollten wir vermisst werden? Wurden wir verfolgt?

Diese Fragen würden sich von selbst beantworten, wenn wir mit unserem Plan vorankommen. Die Antwort, wenn sie denn käme, würde für uns sehr viel bedeuten - Triumph oder fünf Jahre Gefängnis; wir hatten also allen Grund, ziemlich besorgt zu sein. Doch irgendwie glaube ich nicht, dass wir uns über die Folgen große Sorgen machten, sondern eher mit der Gegenwart beschäftigt waren - damit, wie wir der Verfolgung und Wiederergreifung entgehen konnten.

An der Fähre angekommen, bezahlten wir unseren Taxifahrer und machten uns auf den Weg zur Kaianlage. Hier fanden wir ein Boot, das bereits für uns arrangiert worden war, und wir machten uns sicher auf den Weg zum Schiff, das unter Dampf mitten im Strom wartete, um loszufahren, sobald wir an Bord waren.

In diesem entscheidenden Moment hatte mein Bruder die Frechheit, sich mit dem Bootsmann über den Fahrpreis zu streiten. Da ich mich nun im letzten Stadium der Zärtlichkeit befand, beschwor ich ihn, dem Mann das Doppelte zu geben, wenn er nur frei sein wollte. Aber der Bruder war ruhig, und ausnahmsweise hatte er Recht! Seine Unbekümmertheit zerstreute jeglichen Verdacht, der uns hätte treffen können, und schließlich gelangten wir sicher an Bord und weg.

SCHLUSSFOLGERUNG.

Dies sind einige der kleinen Erlebnisse, die zwar an sich nicht sehr aufsehenerregend sind, aber dennoch zur täglichen Arbeit eines "Geheimdienstagenten" (*alias* Spion) gehören, und während sie dazu beitragen, diese Arbeit von jeglichem Verdacht der Monotonie zu befreien, fügen sie ihr in der Regel jenen Hauch von Romantik und Aufregung hinzu, der die Spionage zu dem faszinierenden Sport macht, der sie ist.

Wenn man auch erkennt, dass sie in Kriegszeiten für das eigene Land von unschätzbarem Wert sein kann, spürt man, dass es sich zwar um eine Zeit handelt, die man größtenteils mit Vergnügen verbringt, aber keineswegs um Zeit, die man untätig vergeudet; und auch wenn der "Agent", wenn er erwischt wird, ungeehrt und unbesungen "untergeht", so weiß er doch in seinem Herzen, dass er genauso tapfer für sein Land gehandelt hat wie sein Kamerad, der im Kampf fällt.

ToppBook.de